決定版

イップスの乗り越え方

メンタルに起因する運動障害

日本イップス協会会長
河野昭典 著

日本イップス協会認定トレーナー
飯島智則 企画・構成

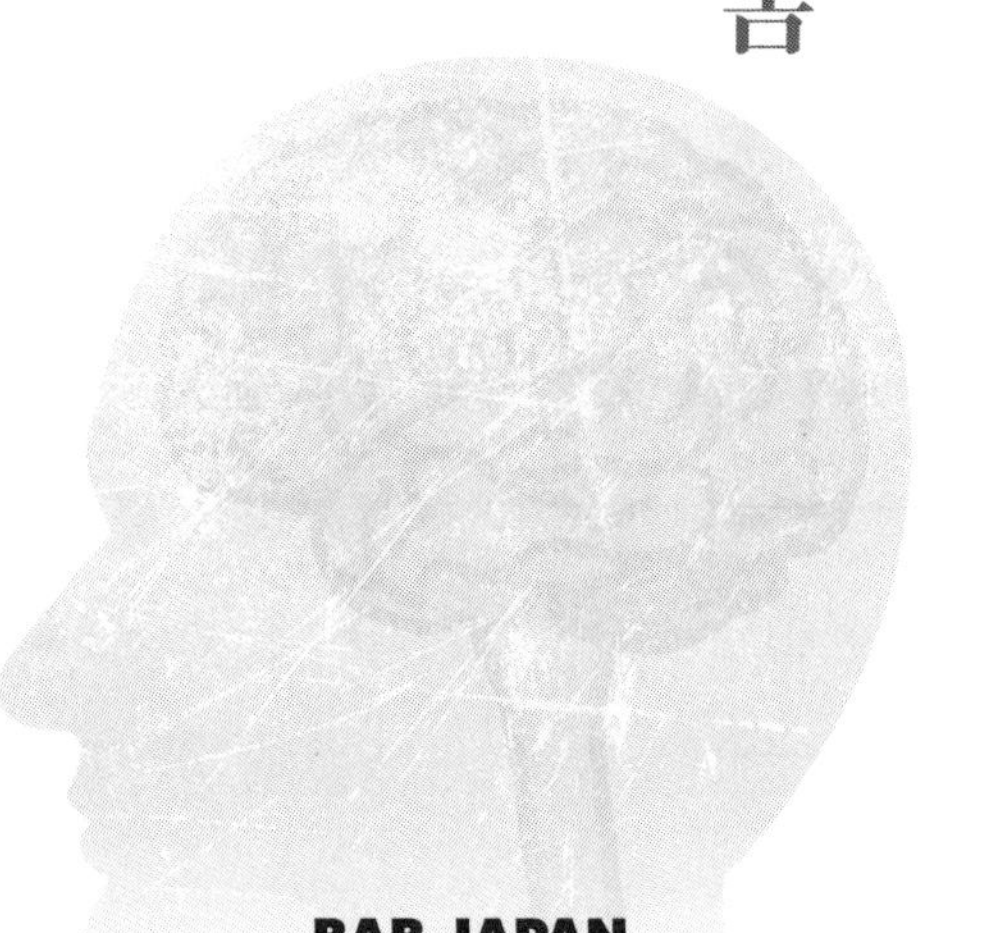

BAB JAPAN

はじめに

私が横浜市にイップス研究所を開いてから16年の月日が流れました。スポーツのイップスに悩む人、心の病に悩む人々と接し、これまでイップスだけで７０００例、心の病を含めれば1万を超える症例と対してきました。

その間、イップスという言葉自体はかなり広まってきました。さまざまな競技の有名な選手がイップス経験を告白したり、２０１８年には岩波書店の広辞苑にも掲載されました。

しかし、言葉は知っていても本当の意味、なぜイップスに陥ってしまうのか、さらには克服法、乗り越え方を知っている方は少ないと思います。

なぜ、今までできていたことが急にできなくなるのでしょうか？　なぜ、このような現象が起きてしまうのでしょうか？

私の研究所にはさまざまな方が悩みを抱えてやってきます。スポーツ選手では野球、ゴルフ、テニス、サッカー、卓球など競技を問いません。

またスポーツ以外にもピアノやギターなどの演奏家、声優、アナウンサー、医師、美容師…、そば打ちの名人が「思うように、そばが打てなくなった」と来たこともあります。

日常生活の中にもあります。「電車に乗ると動悸がひどくなる」「会議になるとうまく話せない」なども、以前はできていた行動ができなくなるのですから、広い意味でイップスの一種といえます。

イップスは決して一部の人だけに起きる特別な症状ではありません。誰でも、ちょっとしたきっかけで陥ってしまう可能性を秘めています。

そして何より強調しておきたいのは、イップスは克服できる、乗り越えられるということです。私は「治る」とは言いません。「治る」と言ってしまえば、そこに至るまでの経験値をも全否定することになってしまうからです。

イップスは体が発するサインであり、その人にとって意味がある症状です。それを克服、乗り越えれば、元に戻るのではなく、もっと強くなっていると思います。

私は研究所を訪れるクライアントだけでなく、多くの人々にイップスを正しく理解し、克服してもらいたいという思いで、さまざまな活動をしてきました。講演や勉強会、さらには日本イップス協会を設立して年に3回の講習、研究会を開いています。

一定の講習を受けて試験に合格した人に認定トレーナーの称号を与え、10回の講習を受ければプロフェッショナル認定トレーナー、同20回でエキスパート認定トレーナー、同30回でマスター認定トレーナーとしています。

日本イップス協会で学んだトレーナーたちが、全国に飛び散って正しい知識や対応を広めてくれれば、イップスから救える人数が増えます。未然に防ぐこともできます。

実際、2017年にはイップス研究所の福岡支所、2019年には大阪支所と札幌支所が誕生しました。そして今後も、仙台、山形、長野、東京、埼玉、名古屋にも支所が生まれる予定で、少しずつイップスを撲滅するために闘う仲間の輪が広がっています。

ただ、「イップス克服」をうたう治療院やインターネット情報、YouTubeなどの動画サイトには、かなり疑問を感じる内容の克服法もあります。私からみれば、むしろイップスが悪化してしまう、新たなイップスを生んでしまうと思うものも多々あります。近年そんな思いが強くなっていきました。

私が２０１５年に『メンタルによる運動障害「イップス」かもしれないと思ったら、まず読む本』（ＢＡＢジャパン）を出版してから、すでに5年が経ちました。もう一度、私の知識や経験をまとめてみようと思い立ち、同社と、イップス取材を通じて知り合った飯島智則氏と協力し、実用書として本書を出版することになりました。飯島氏は日本イップス協会の認定トレーナーで、理解者でもあります。

本書はイップスに悩んでいる人のヒントになる実践的な内容に仕上がったと自負しています。

イップスに悩んでいる皆さん、克服に向けて、まずページをめくってください。

日本イップス協会会長・イップス研究所所長　河野昭典

CONTENTS

第1章

イップスを正しく理解しよう

イップスの定義

イップスとは一体何でしょう？

「ゴルフのパットのときに震えちゃうやつでしょう」

「野球でボールを投げるときにギクシャクする動きですよね」

私が講演会などで質問を投げかけると、このような答えが返ってきます。確かにこれらもイップスの一部です。ただ、すべての説明になってはいません。イップスは医学用語ではなく通称なので、明確な基準がありません。多くの人は言葉自体を知っていても、迷わず説明はできないでしょう。

2018年に10年ぶりに改訂された広辞苑（岩波書店）では、「これまでできていた運動動作が心理的原因でできなくなる障害。もとはゴルフでパットが急に乱れることを指したが、現在は他のスポーツにもいう」と説明されています。

また、オックスフォード医科学事典には「無意識な筋活動の乱れで、ゴルファーに見られ、パッティング中に腕がけいれんするのが特徴で処置が非常に困難である」と書かれています。

イップスは英語のスペルで書くと「yips」。1930年代にアメリカのプロゴルファー、トミー・アーマー選手がパット時に震えが出るようになってしまい、引退した後に自分に出た症状を「イップス」と名付けたことに由来します。もともとは「小犬がキャンキャン叫ぶ」という意味です。

なぜアーマー選手が自分に出た症状を「イップス」と表現したか、正確なところはわかりません。おそらく語源からイメージされる「ざわつく」「落ち着かない」といった意味として用いたと考えられます。私はこのイップスという言葉にはもう少し意味があると考えていますが、それは後述しましょう。

さて、一般的な理解としては、これらの説明で十分かもしれません。しかし、2004年にイップス研究所（横浜市）を開き、7000例を超えるイップスに対してきた私とすれば、物足りないと感じてしまいます。読者の中に今現在、「うまくプレーできない」「自分はイップスではないだろうか？」と悩んでいる方がいるとすれば、もう少し詳しく知りたいでしょう。

「イップスの定義とは何でしょう？　皆さんで話し合ってみてください」

２０２０年春に私が会長を務める日本イップス協会の講習会で、協会の認定トレーナーたちに問いかけました。職業は医師、心理師、パーソナルトレーナー、指導者、スポーツライター、それからプロ野球の球団職員の方もいます。皆さん、イップスに興味を持ち、勉強を続けている方々です。

さて、どんな話し合いになったか。イップスを理解する上で貴重な内容だと思いますので、紹介します。一言で定義付けられないところに、イップスの奥深さがあります。

「定義は難しいですけど、できていたことが、ある日突然できなくなる。この『できていたことが…』という部分は欠かせないように思います」

「それは大前提でしょうね。あるプレーができないこと自体は技術不足の可能性もあります。できていたのに…というのはイップスという症状を語る上で欠かせないでしょう」

「技術でよくなるパターンはイップスではないと思いますが…」

「でも、それは結果論でしょう。結果的に技術でよくなったのであり、終わってみなければわからないのでは定義にならない」

「私はイップス経験者ですが、『思ったように体が動かない』というのが適していると思います。こう動きたいとイメージしても、その通りに動かないんです」

「本人のイメージと違う動作になってしまう。これですかね」

「いや、私もイップス経験者ですが、私の場合はもうイメージすらできない、どんな動きをしたいのかすらわからない状態になりました。そこまでいってイップスだと思ったんです」

「そもそも定義付けるのは厳しいのではないでしょうか。一つに決めつけられない。『できていたことができなくなる』という部分は大前提としてありますが、それ以外はさまざまな症状があります」

「医師の診断基準のように言えば…本人が苦痛になっている、日常生活に支障が出る、社会的な機能障害があるといった文言になります。この本人の自覚というのはどうでしょうか」

「自覚を入れるのは無理だと思います。無自覚でも、あきらかにぎこちない動作になっている場合も多々あります。これをイップスに入れないのは無理があります。私は周囲からの評価もあっていいと思います。日本イップス協会は医師の集まりではないので、診断ではなく評価であっていい」

「スローイングであれば、暴投は1球だけでなく何球も続く。継続して動作に狂いが生じるのは一つの条件かもしれません」

「イップスの中には練習ではできるけど試合ではできないという、条件付きの症状もあります。これは継続性と言っていいのか…」

「試合ではできない状態が続くという意味では継続性と考えていいでしょう。やはり継続性は一つの要素だと思います」

それぞれイップスを真剣に勉強し、対処している方々なので的を射た考えばかりでした。もし彼らが「これがイップスだ」と一言で断じていたら、むしろ私は残念に思うところでした。さまざまな原因や症状があり、克服法も十人十色です。そのため境目は曖昧になりますが、トレーナー陣から出た意見を元にまとめると次のようになるでしょう。

◆以前にできていた行動が突然できなくなる。

◆継続して動作に狂いが生じる。

◆本人のイメージと動きが違う、または動作のイメージがわからなくなってしまう。

さて、さらに詳しく説明していきます。

どんな症状が出る？

さて、イップスに陥ると、どんな症状が出てくるのか具体的に紹介しましょう。出てくる症状は千差万別なので、ごく一部と考えてください。

【野球、ソフトボール】

・スローイング時に動けなくなってしまう。

・テイクバックからトップに上がっていかず止まってしまう。

・トップから投げ下ろせない。
・スローイング時にボールを持つ手が頭に当たってしまう。
・全力スローは問題ないが、短い距離に投げられない、軽く投げられない。
・ボールが指から離れていかず、目の前に叩きつけてしまう。
・指の感覚がなくなってしまう。
・全力で投げているつもりでも、力がボールに伝わっていかない。球速が急激に落ちる。
・ネットや壁には投げられるが、人に対して投げられない。
・自分では横から投げているつもりでも、実際には上から投げている。
・バッティングで振ろうと思っても体が動かない。
・バッティングのときに目を閉じてしまう。

【テニス、バドミントン、卓球】

・フォアハンドはうまく打てるのに、バックハンドで振れない。または、その逆。
・ラケットを振り上げられない。
・サーブでトスを上げる際に、手からボールが離れていかない。

・ラケットを握る強さがわからなくなってしまう。

【ゴルフ】

・ショット時にクラブを振り上げられない。
・ショット時にトップからクラブを振り下ろせない。
・パターで動けなくなってしまう、震えが出てしまう。
・近い距離のアプローチで二度打ちしてしまう。
・近い距離でダフリ、トップが続く。

【ダーツ】

・狙いを定めたときに震えが出てしまう。
・投げたときにダーツが指から離れていかない。
・少しずつ腕と目の距離が近くなってしまう。

【弓道】

・狙いを定めて準備が整う前に、自分の意思に反して手を離して射てしまう（早気＝はやけ）。
・離したいと思っても離せなくなってしまう（遅気＝もたれ）
・震え、しびれが出てしまう。

【陸上】

・足が上がらなくなってしまう。
・タイムが著しく落ちてしまう。

【ボウリング】

・始めの一歩が踏み出せない。
・ボールから指が抜けない。

【フィギュアスケート】

・ジャンプができない。

・ジャンプのときに体が固まる。
・うまくステップが踏めない。

【ピアニスト、ギタリストなど音楽家】

・演奏時に震えが出てしまう、指が動かない、しびれが出てしまう。
・曲のある部分、ある音のときだけ指が止まってしまう、タイミングが狂ってしまう。

これだけではありません。ボート選手が「漕ぐときに右腕だけがうまく回らない」、美容整形外科の医師が「メスを持つと震えてしまう」、そば打ち名人が「うまくそばを打てなくなった」と言ってイップス研究所に来たこともあります。

常に症状が出る場合もあれば、「試合だけ」「先輩に投げるときだけ」「監督が見ているときだけ」といった条件がある場合にだけ症状が出るケースもあります。規則性はないものの、状態がいい日もあれば突然悪化してしまうという人も多々います。

イップスに陥る原因

思うように動けなくなる原因はそれぞれで違います。後述しますが、イップス研究所に来た方々には時間をかけてカウンセリングをし、心理テストを実施して、原因を探っていきます。私は絶対に「イップスはこうすれば治る！」といった断定では話しません。個々で性格も生活環境も違いますから、それぞれに最適と考えられる道を選んでいくのです。

ただ、読者が理解しやすいように大きなタイプを示します。

①技術の問題や不足から起こるもの
②心から起こるもの
③怪我をきっかけに起こるもの

①は本来、イップスではありません。競技を始めたばかりで技術が不足していれば、うまく

プレーはできません。ただ、偶然に好プレーが出たり、成功を収めた経験があると、次に失敗したときに「こんなはずはない」と考えてしまう人もいます。

例えば野球のピッチャーが、たまたまボールが指にかかって140キロの剛速球を投げたとします。常にそのタイミングで投げられる技術は持っていませんが、本人からすれば「オレは140キロを投げられる投手だ」と過度な自信を持ち、次に130キロ程度しか出ないと「おかしい」「こんなはずじゃない」「イップスかもしれない」と思ってしまいがちです。

ここで指導者から的確なアドバイスを得られればいいのですが、自分で「ああでもない」「こうでもない」と試行錯誤を繰り返すと、次第に動作が狂っていき、最終的にイップスに陥ってしまう恐れがあります。

どの競技でもそうですが、自分に合わないルーティンワーク、過度な反復練習はイップスに結びつく、または悪化させる可能性が非常に高いのです。

自分に適したルーティンや練習ならば反復練習によって技術が向上していくと考えられます。しかし、適さないものを続けていると、体がそれを覚えてしまい、動作が狂ってしまう恐れがあります。

野球を例に説明します。スローイングに悩んで来所した選手に話を聞くと、ネットスローや壁当てを熱心に繰り返したという人が非常に多いのです。「おかしいな」と思ってから、その違和感を解消するために、チーム練習が終わった後も繰り返し繰り返し練習に励んでいたといいます。

明確なテーマ…例えば「リリースポイントを一定にさせる」「フィニッシュで左足に体重を乗せ切る」といった目標があって反復練習に臨むならばいいのです。しかし、違和感を解消するために「ああでもない」「こうでもない」と繰り返すと、いつの間にか何が自分に適しているのか、自分はどんなフォームを目指していたのか、わからなくなってしまいます。

頑張れば頑張るほど動きが狂っていく…「努力逆転の法則」が成り立ってしまうわけです。本人には言いませんが、私は「ネットスローを繰り返す前にイップス研究所に来てくれれば…」と思うことが多々あります。努力した選手には非常に気の毒ですが、それもまたイップスを取り巻く事実です。迷いがあるときは反復練習をやめるというのは、とても重要なことだと思います。

また、少し話はそれますが、ネットスロー、壁当ての弊害はもう一つあります。イップスには「人に対して起きるもの」が多く、例えば「先輩に対して投げられない」「注目される試合で投げられない」といった現象が起きます。この場合、ネットや壁を相手にうまく投げられて

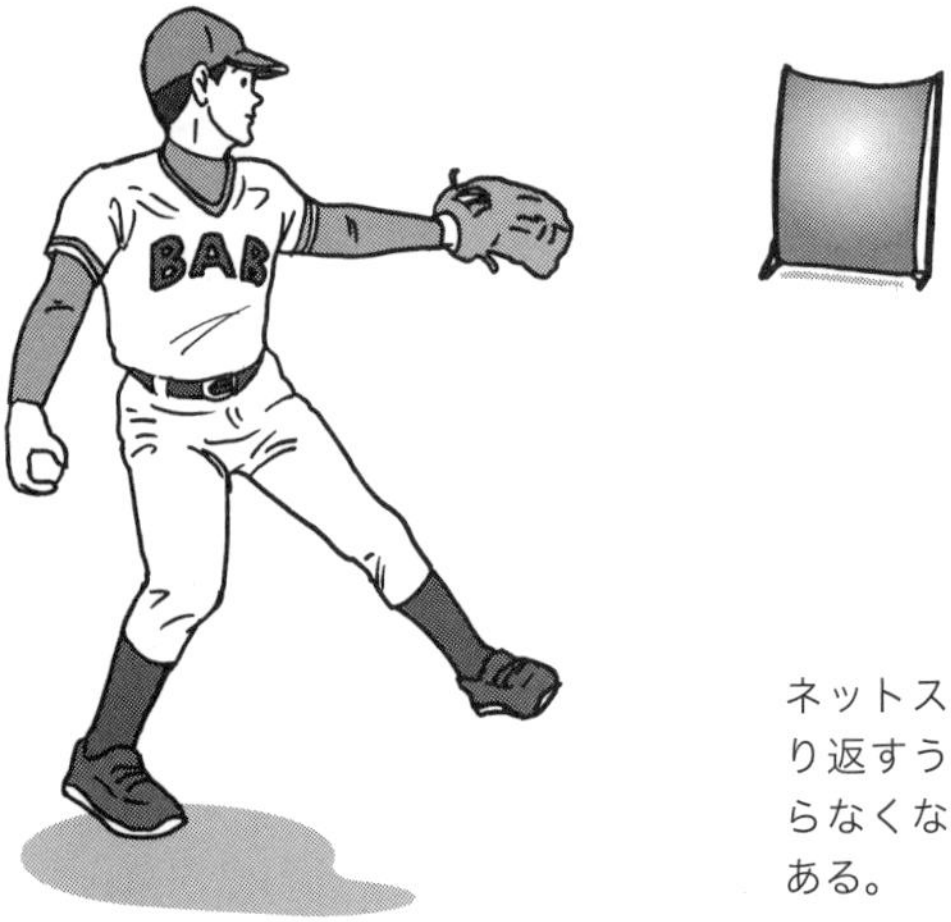

ネットスローや壁当てを繰り返すうちに、動きがわからなくなってしまうことがある。

また、ネットや壁にはうまく投げられても、人が相手になるとおかしくなることもある。

も問題解決とはならず、人に対する状況になれば再び同じ症状が起きてしまいます。やはり人に対する問題は、人に対しながら解決したほうが再発防止につながるものなのです。

繰り返しますが、ネットスローや壁当てそのものを否定しているわけではありません。明確なテーマを持って臨むならば、たくさん練習もできて効果も上がる方法です。要するに、その見極めが大切なのです。

また、②の「心から起こるもの」は、「不安」という言葉がキーワードになるでしょう。ある経験から湧き起こった「不安」から動作が狂ってしまうものです。「不安」が起きる原因もさまざまですが、主なものとして以下のように分類できます。

◆過去の失敗から湧き起こる不安

◆家族、指導者、チームメイトに対する不安

◆「失敗するのではないか」「失敗したらどうしよう」という予期不安

不安が動作を狂わすメカニズムは、イップスの理解、克服をする上で根幹と言ってもいいので、第2章「イップスと脳の関係」で詳細を説明します。

そして、③の「怪我をきっかけに起こるもの」も非常に多い原因です。怪我をした箇所や、それをかばうために負担をかけている箇所の動きが不自然になってしまい、その動作を繰り返していくうちに潜在意識の中に入って習慣となってしまいます。怪我そのものが治っても、痛みをかばっていた頃の不自然な動きが定着し、本来の自然な動きが戻らないのです。また、「あれっ？　おかしいな」と思って練習を繰り返すほど、その動きが定着してしまうので注意が必要です。

「イップスのきっかけに心当たりがない」「指導者やチームメイトとの関係も良好」「トラウマになるほどの失敗は記憶にない」という方は、カウンセリングを続けていくと、体のどこかを痛めていた経験を持つ場合が多くあります。特に、痛みがあってもプレーを続けていたり、完治していないのに「レギュラーを奪われたくない」などという焦りから慌てて復帰した場合に多いようです。

逆に、不自然な動きを繰り返していたことが原因で故障を起こすケースもあります。どちらも、イップス克服に向けたケアをした後に、技術トレーニングも必要になるでしょう。

イップス研究所のデータ

さて、イップス研究所では現在、16年間の約7000例をデータ化しています。ただ、開所当初はここまで増えるとは予想しておらず、また日々の仕事に忙殺されていたため、紙のカルテが増え続ける一方でまったく集計をしていませんでした。しかし、各所から「日本最多の症例数だろうから、データを可視化したほうがいい」と勧められ、研究員やトレーナーの手を借りながら集計を始めました。今ここで公開できるのは過去3年分です。

クライアントの属性では社会人が最多の313人、次いで高校生227人が来所しています。社会人が多いのは、そこまで競技を続けている人は上昇志向が高く、上達のために模索しているうちに動きがわからなくなってしまう例が多くあります。また、カウンセリングをすると「違和感は高校生の頃からあった、大学生のときに起きた」と答える人も多く、社会人になって、ようやく対処するようになった人も多数います。

また、次いで高校生が多い理由は、圧倒的に野球…高校球児が多いことによるでしょう。野

属性別の割合

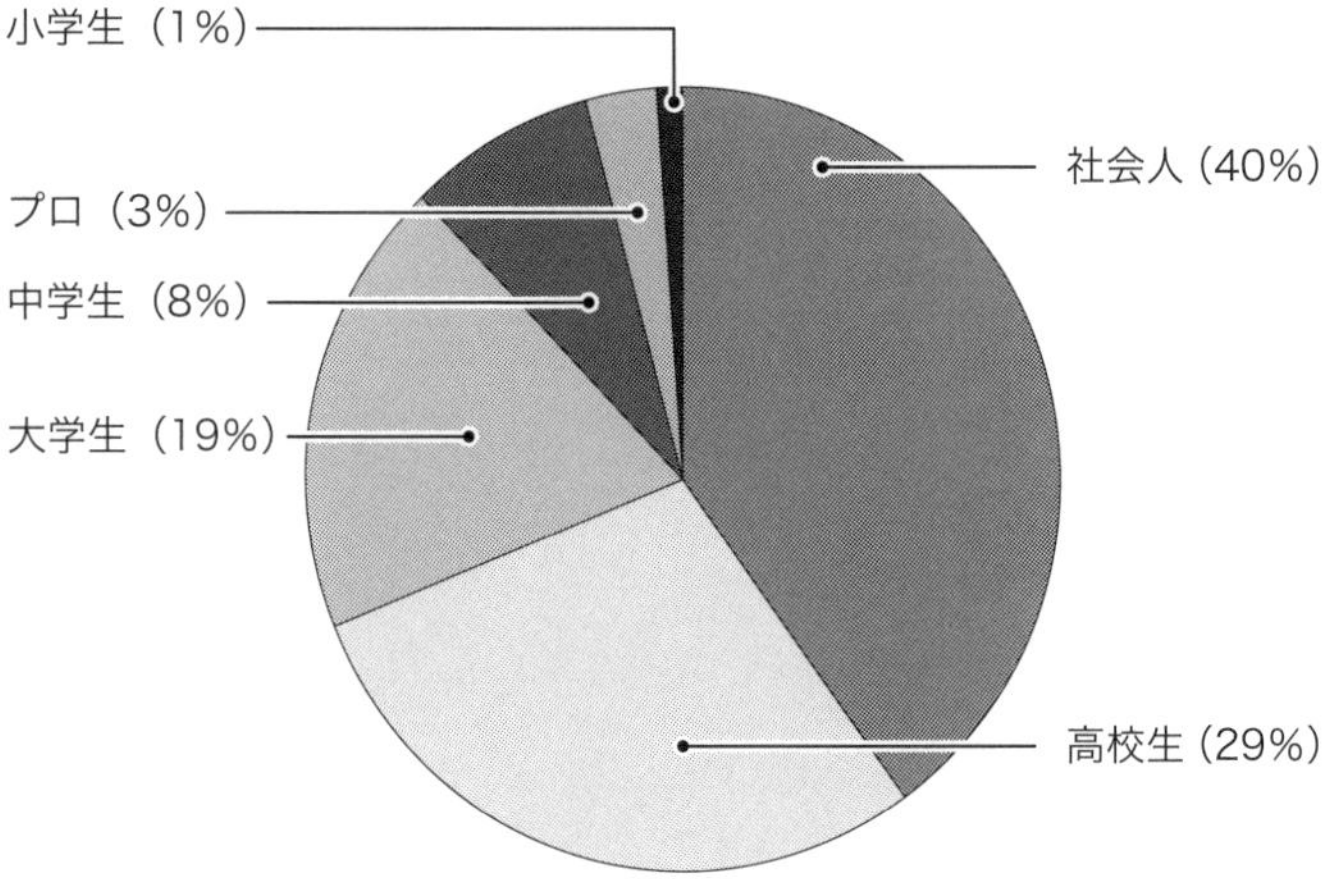

属性別の集計	
社会人	313
高校生	227
大学生	153
中学生	61
プロ	26
小学生	12

球選手にとって高校野球は大きな目標であり、競争も激しいものがあります。それだけに悩みも深く、イップスに陥る選手も多いといっていいでしょう。

種目別の項目を見ると、圧倒的に野球選手が多く来所しています。これは私が学生時代に野球をしており、プロ野球のソフトバンク・

種目別の割合

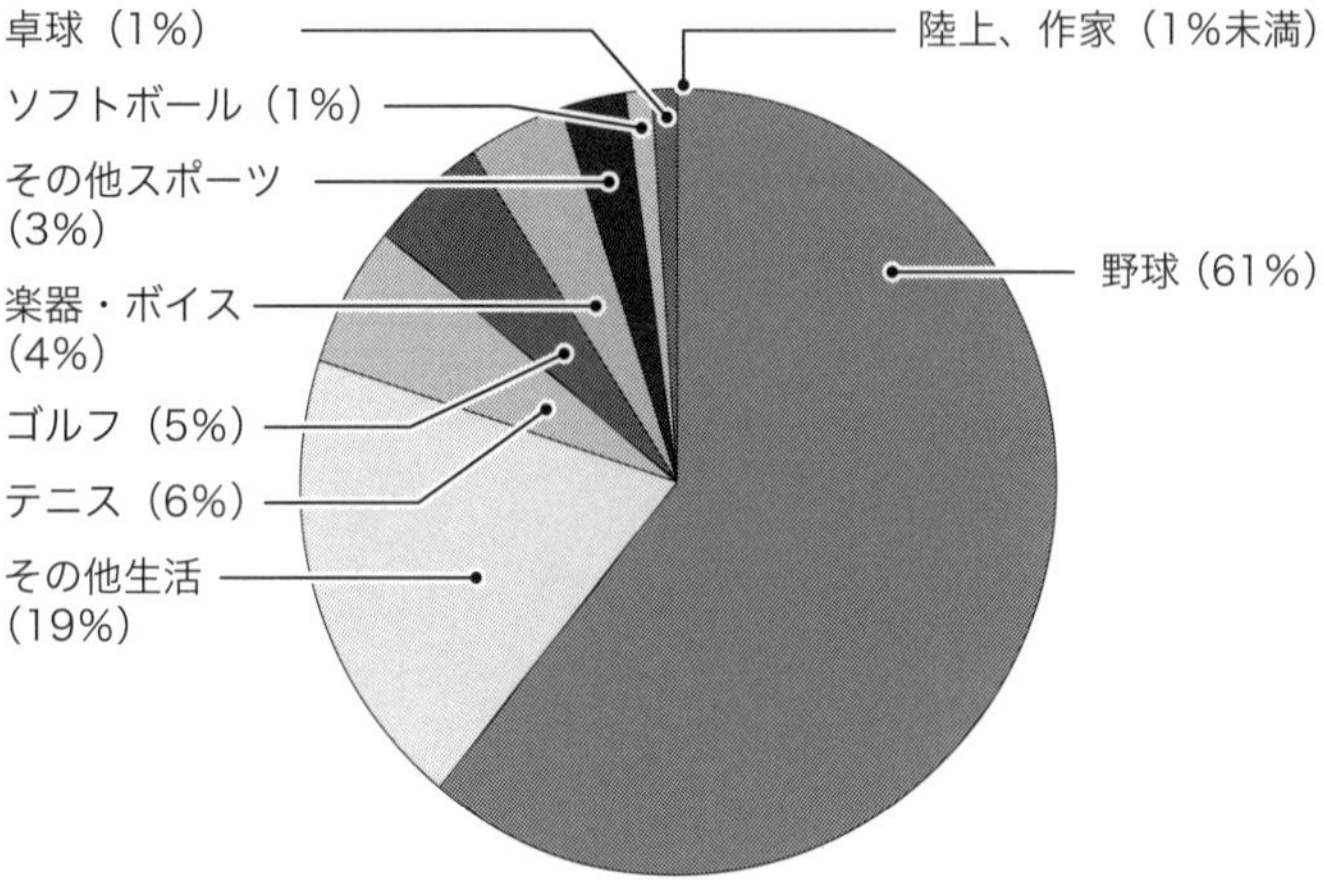

種目別の集計	
野球	459
その他生活	141
テニス	42
ゴルフ	35
楽器・ボイス	30
その他スポーツ	24
ソフトボール	10
卓球	9
陸上	2
作家	1

ホークスでメンタルアドバイザーを務めていた経験もあり、野球界でイップス研究所の名前が広まっているからだと考えられます。ただ、開所当初に比べると、近年はテニス、卓球など競技の幅が広がっていると感じます。

状態別の割合

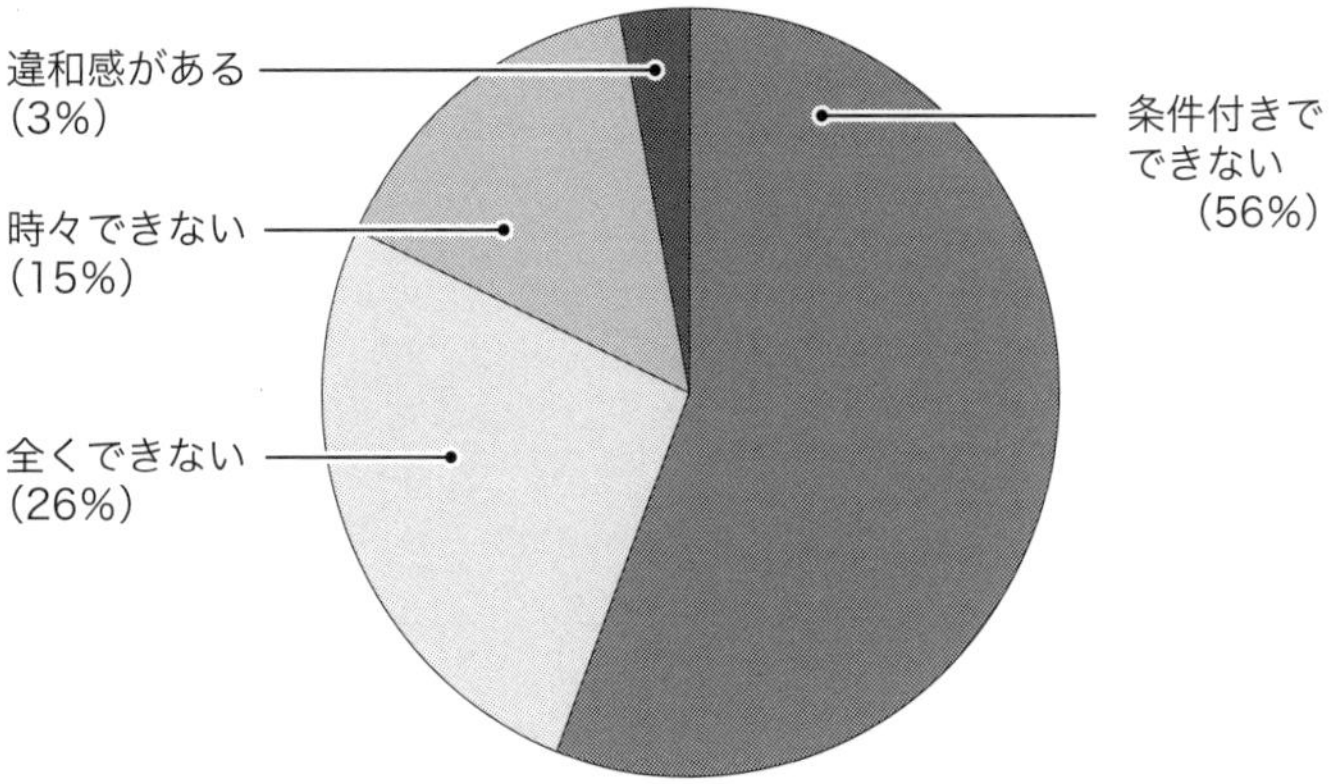

状態別の集計	
条件付きでできない	441
全くできない	207
時々できない	121
違和感がある	19

また、「その他生活」とは、いわゆる「心の病」を指します。日常生活の中で「声が出ない」「電車に乗れない」「学校に入れない」「上司の前で話せない」といった症状にも対応していきます。当所は「横浜催眠心理研究所」の看板も

掲げており、むしろイップスよりも先に「心の病」に対処してきました。そうした背景からも、イップスを技術だけで改善しようとはしていないのです。どんな対処をするかについては第3章「イップス研究所の克服方法」で紹介します。

状態別というのは、イップス症状が現れる条件です。「全くできない」は、常に症状が出ていることを指します。最多は「条件付きでできない」で、例えば「練習ではできるが、試合ではできない」「一人ではできるが、人が見ているとできない」「長い距離は投げられるが、短い距離が投げられない」といったものです。

注目してほしいのは「イップスの要因・きっかけ」です。カウンセリングの中から最大の要因と考えられるものをカルテに記入したもので、当然ながら複数の要因から起きているケースも多々あります。

最多の「自分」というのは、先に記した「失敗からくる不安」などが当てはまりますが、悩んでいる状況から「自分が悪いんだ」と受け止めてしまうために数が増えていると考えられます。また、社会人が多く来所していることからも、自分を原因に挙げる傾向が強いといっていいでしょう。

次に多い「指導者」、そして「家族」は、イップスを語る上で大きな問題だと私は考えています。

要因・きっかけ別の割合

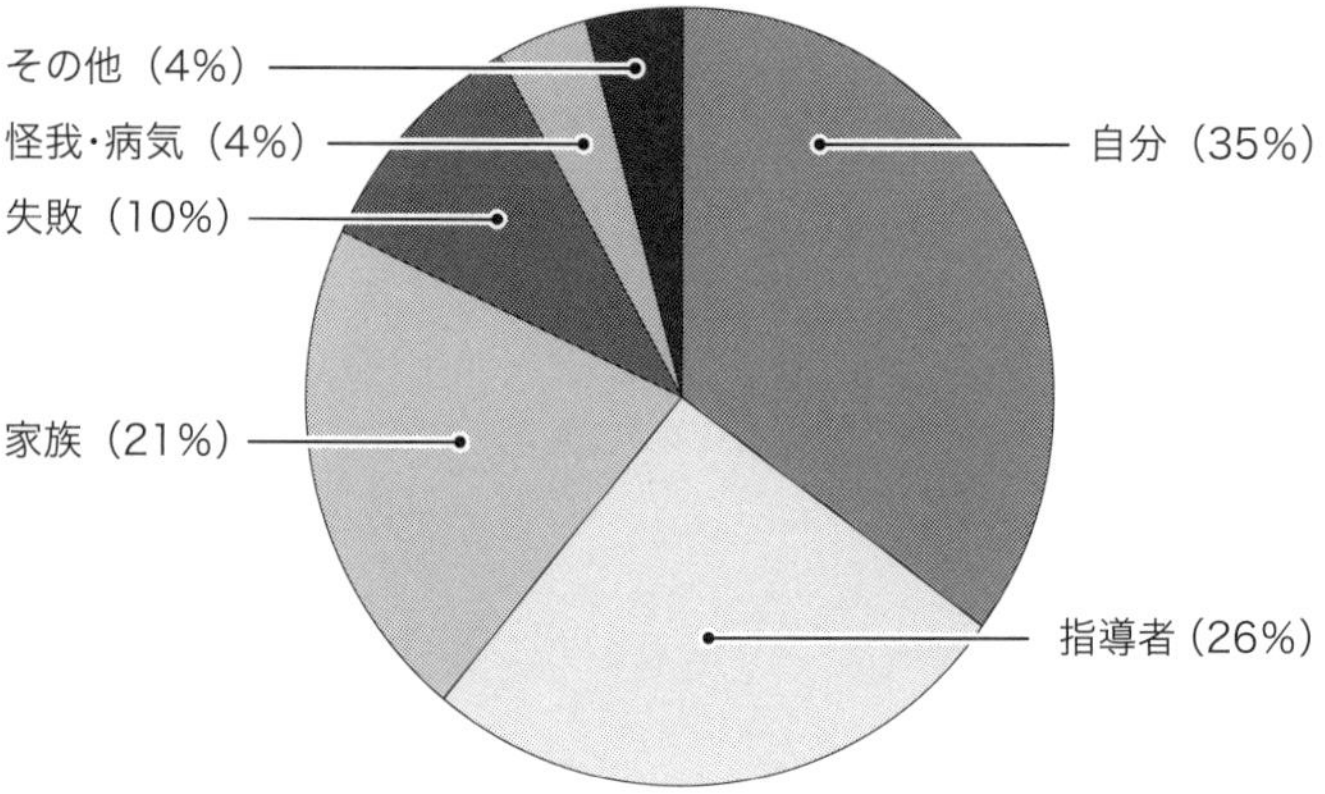

指導者が怒鳴る、ミスを責めるといった、いわゆるパワーハラスメントは、選手の不安を引き起こし、動きを狂わせる原因につながっていきます。

なぜ、うまくいかないのかを説明せず「何でできないんだ！」「こうやれって言っただろ！」という感情的な指導が、令和になった

要因・きっかけ別の集計	
自分	273
指導者	202
家族	158
失敗	78
怪我・病気	32
その他	31

今でもなくなっていません。いや、私は厳しい指導を否定するつもりはありません。一流のアスリートに成長していくためには苦しい練習が必要な時期もありますし、ミスを許容しない厳しさが大切にもなります。しかし、あくまで主役の選手が「どう受け止めるか」によるのです。

選手が受け止められない苦しさ、厳しさは逆効果です。指導者はそれを見極めながら、選手が立ち向かえる厳しさを与えていく必要があります。一方的な厳しさはイップスを生む最大の原因と言っても過言ではありません。

厳しい指導を受け止められる選手と、受け止められない選手がいる。受け止められない選手には指導方法を変えるべきである。

また、若年層では「家族」という理由も多くあります。父親が野球チームのコーチをしていて帰宅後も厳しい指摘を繰り返す、ミスを許さないといった環境下にいると、イップスに陥りやすいものです。考えてみてください。グラウンドで厳しい練習をして、体も心も休むべき自宅に戻ってからも叱責されていたら、一体いつ休んだらいいのでしょうか。体も心も悲鳴を上げてしまうのは当然のことです。

これは私の感覚的なものですが、好プレーヤーに成長していく選手は両親が「ちょっと無関心」な家庭で育つケースが多いと思います。協力や応援はするけど、過干渉はしないというのがちょうどいいのです。親とすれば我が子に良かれと思って苦言を呈するのでしょうが、それでは疲れてしまいます。放っておいてくれる時間というのが、子どもにとっては大切だと思います。

最後に心理タイプ別のデータは、当院では「YG性格検査」を用いています。矢田部ギルフォード性格検査の通称で、120問に対し「はい」「いいえ」「どちらでもない」で答えてもらいます。①抑うつ性、②回帰的傾向、③劣等感、④神経質、⑤客観性、⑥協調性、⑦攻撃性、⑧一般的活動性、⑨呑気さ、⑩思考的外向、⑪支配性、⑫社会的外向、が各10問ずつあります。ここから次のようなタイプに分類されます。

A：平均型（アベレージ）……良いときもあれば悪いときもある。
B：不安定積極型（ブラスト）……心は不安定だが、積極的に行動する。
C：安定消極型（カーム）……心は安定しているが、あまり行動しない。
D：安定積極型（ディレクター）……心が安定しており、積極的に行動する。
E：不安定消極型（エキセントリック）……心が不安定で、行動も起こさない。

一般的にはC（安定消極型）、D（安定積極型）が多いものですが、イップス研究所に来る人は皆さん悩んでいますからA（平均型）、B（不安定積極型）、E（不安定消極型）が多くなっています。

一概に決めつけることはできませんが、この心理テストもイップス克服に向けて参考にしていきます。

私はメンタルテストとは知能テストだと考えています。メンタルとは知識を理解し、能力を発揮するための技術に変えていくことです。知識を持っているだけでは現実で役に立ちません。学んだ知識を技術に昇華していくのが知恵…つまりメンタルなのです。

心理タイプ別の割合

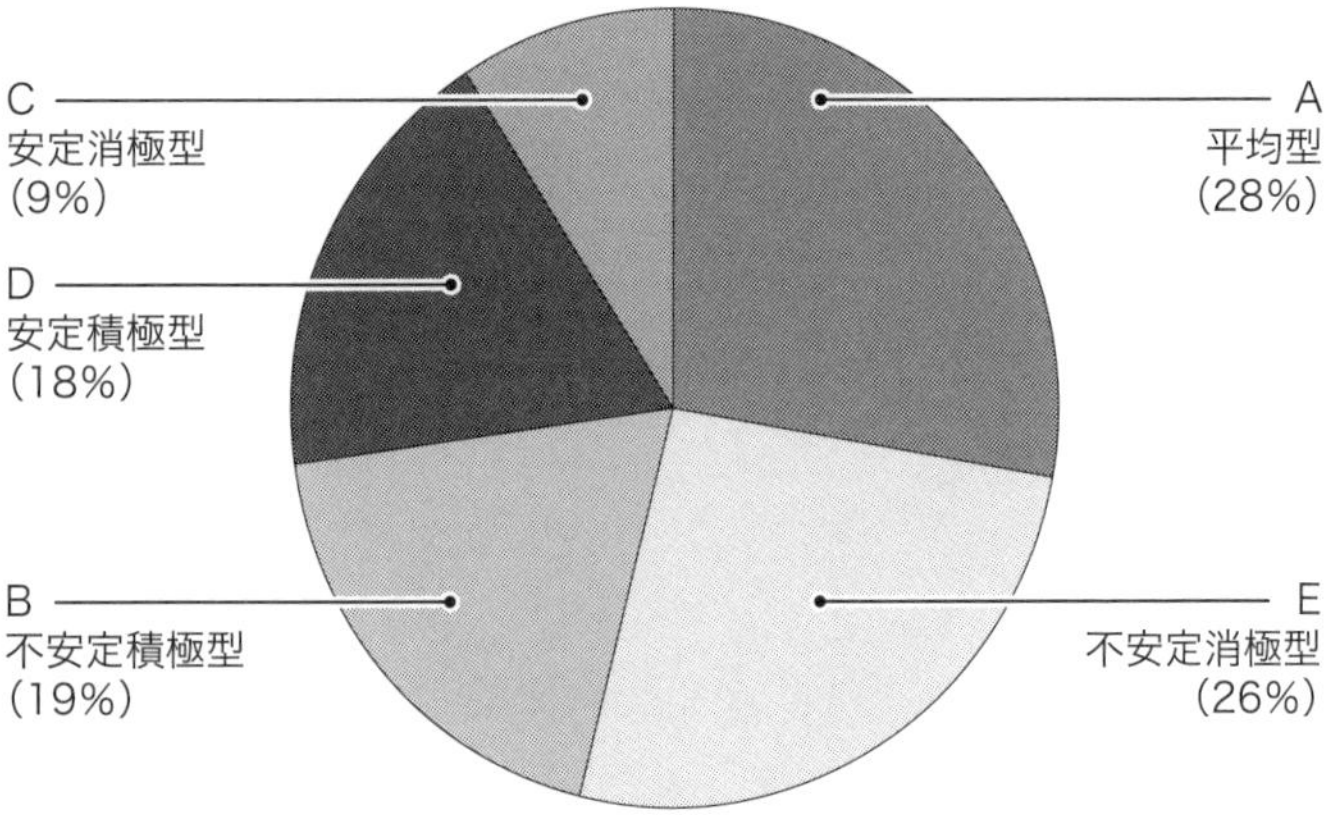

心理タイプ別の集計	
A：平均型	222
E：不安定消極型	204
B：不安定積極型	152
D：安定積極型	138
C：安定消極型	74

プラスワン

イップス研究所で心理テストとして用いている「YG性格検査」は幅広く使われているもので、イップス研究所でも来所者には全員実施しています。あくまでクライアントの状態を把握するための参考資料ですが、それぞれのタイプによって大まかな対処法がありますので、紹介しましょう。

■タイプA：平均型（アベレージ）

この型は、全体的に性格特徴が平均的なタイプです。性格特徴を見つけにくいのですが、全体的にバランスの取れた調和的な性格です。今の状態が良いときにはD型に移行しやすく、辛いときはE型に移行する特徴を持っています。

Aタイプは臨機応変に対応できる人、迷っている人であるため、他人に合わせる傾向があります。本当は自分がどうしたいのか？　を見極めるためにカウンセリングが必要です。

■タイプB：不安定積極型（ブラスト）

不安が大きいからこそ、その不安を解消するために動き回るというタイプです。例えばスローイングで暴投を連発すると、何とか直そうとして必死に練習を重ねます。その努力は素晴らしいのですが、練習方法がそのときの自分に合わないものだとしたら、ますます悪化してしまいます。前述した「努力逆転の法則」に陥りがちと言っていいでしょう。

また、見た目には積極的に活動できているため、自他ともに「元気に活動しているから何の問題もない」と思ってしまいがちです。このタイプには、一度休んでみることを勧めます。スローイング難ならば、しばらく投げるのを控えてみる。競技を忘れてのんびりしてみると、動き回っていたときには見えなかったものに気付くかもしれません。

大会直前や、指導者の理解を得られない場合は、休養を取るのは現実的ではありません。そんなときは可能な範囲でリフレッシュする方法を探してみてください。

私はそんな選手と毎日のように健康ランドに通ったこともあります。練習や試合は休めないが、帰宅しても部屋の中で悶々とするだけなので、大きなお風呂にゆっくり入って、サウナで競技とはまったく違う雑談を交わして、のんびりと過ごしました。もちろん、これだけでイップスなどの悩みを完全に克服できるわけではありませんが、大きなきっかけにはなるはずです。一度立ち止まってみることをお勧めします。

■タイプC：安定消極型（カーム）

いわゆる、おとなしくて消極的な性格です。自ら活発に動きませんが、情緒的に安定しているので、マイペースで練習を組み立てて行動できるタイプといっていいでしょう。スポーツでいえば確実性、堅実性が高いプレーをする選手が多いと言えます。

消極的なところが心配されがちですが、これも持ち味です。指導者や周囲の人は、このタイプのペースを乱すことなく見守ってほしいと思います。

■タイプD：安定積極型（ディレクター）

情緒的に安定し、指導者や周りとの適応力もあり、活動的で対人関係もうまくいきます。一番能力を発揮できるタイプと言っていいでしょう。キャプテンや指導者にも向いています。

安定消極型、そして安定積極型タイプは、理解力、適応能力があるので、イップスになっても技術指導だけで克服できることも多々あります。そのときの見極めが大切になり、時間もあまりかからない場合が多いです。

■タイプE：不安定消極型（エキセントリック）

情緒的に不安定で、活動ができない状態まで追い込まれています。「何をやってもうまくいかない。もう何もしたくない。頑張れない」といった悲観的な思いにさいなまれている状態です。

こうした不安定積極型に分類されるまで心身ともに疲労していると、周囲から見れば何でもない問題が起きたり、指導者から怒られたり…いや叱責でなくても、ちょっと注意されただけでもパニックを起こしてしまう可能性があります。

自分の殻に閉じこもってしまっているので、もはや周囲からのアドバイスや激励も効果をもたらさないでしょう。後の脳の説明でも触れますが、「いっぱい、いっぱい」の状態なので、新しい情報を理解や処理はできません。

不眠や疲労の蓄積も著しい場合が多いので、私は休息を勧めます。少しばかり強引な手を使ってでも休むよう働きかけます。休息ですべてが解決するわけではありませんが、問題の渦中…例えば部活動がうまくいっていないとして、追い込まれた状態で参加を続けてしまえば逃げ場がなくなるばかりだからです。

もはやスポーツ選手としての成功や勝敗ではなく、一人の人間として健康に生きていくために、問題から離れて心身ともに休んだほうがいいでしょう。

イップス診断に挑戦

さて、イップスの概要を説明してきましたが、まだ「正体がつかめない」という方も心配いりません。本書ではイップスの具体例もたくさん掲載していますので、読み進めるにしたがって姿や形が見えてくるはずです。

本章の最後にイップス診断をしてみましょう。本書は今このとき、イップスに悩んでいる方に読んでもらい、克服のきっかけにしてほしいと願って書いたものです。「自分はイップスかもしれない」と悩んでいるあなた、イップス診断に挑戦してみてください。

以下の質問に「はい」か「いいえ」で答えてください。

		はい	いいえ
1	他の選手の活躍、監督やコーチの評価、人目が気になる。	□	□
2	成績（野球でいう打率、防御率など）を気にする。	□	□
3	疲れがなかなか取れない。	□	□
4	ちょっとしたことで気に病む。	□	□
5	おしゃれである。	□	□
6	格好を気にする。	□	□
7	将来に対して希望が持てない。	□	□
8	気が付くと自分を責めている。	□	□
9	言いたいことが言えない、言わない。	□	□
10	寝付きが悪い。	□	□
11	部屋が汚い。	□	□
12	自分は意志が強いほうだと思う。	□	□

13	ときどき何もしたくなくなる。	□	□
14	人に負けない自信がある。	□	□
15	自分をつまらない人間だと思う。	□	□
16	つい「～しなければいけない」と思ってしまう。	□	□
17	いつも頭がすっきりしない。	□	□
18	いつまでも過去の失敗を忘れられない。	□	□
19	ぼんやり考え込んでしまうことが多い。	□	□
20	過去によかったときの自分を追ってしまう。	□	□
21	よく悪夢を見る。	□	□
22	悩みを人に言えない。	□	□
23	手のしびれ、指のしびれ、違和感がある。	□	□
24	フォームが変わってしまったと思う。	□	□
25	自分を情けなく思う。	□	□
26	きれい好きである。	□	□

27	自分を「いい人」だと思う。	□	□
28	人に言われたことをきっちりやるほうだと思う。	□	□
29	人の意見を聞き入れない、頑固である。	□	□
30	つい「完璧」を求めてしまう。	□	□
31	ウエイトトレーニングが大好きだ。	□	□
32	間違ったことは許せない。	□	□
33	遊ぶことが好きだ。	□	□
34	自分のやっている仕事、スポーツ、音楽などが大好き。	□	□
35	プレーや演奏などをするときに何か違和感がある。	□	□
36	思い通りにいかないと気が済まない。	□	□
37	他のポジションにコンバートした経験がある。	□	□
38	自分のことが時々嫌いになる。	□	□
39	思いが強い。	□	□
40	自分の体と相談しながら練習している。	□	□

さて、どうでしたか。

「はい」が30個以上あった方は、すでにイップスに陥っている可能性が高いです。

20～29個の方は、いつイップスが発症しても不思議ではありません。または本人は気付いていなくても、すでに動作に狂いが生じている可能性があります。

10～19個なら、軽度のイップス、またはイップス予備軍かもしれません。

5～9個なら、症状は出ていないと思われます。

0～4個の方は問題なく、自身の能力を発揮できていると思われます。

ただ、自己回答なので、自分の現状に気付いていない可能性もあります。いつでも、誰にでも起こりえる症状でもありますので、常に自分の能力を発揮できる考え方、気の持ち方を学んでおいてください。

また、逆によくない結果が出たからといって思い悩む必要はありません。本書を読みながら、私と一緒にイップス克服への道を歩んでいきましょう。

第2章

イップスと脳の関係

「体で覚える」とは小脳で覚えること

前章で「不安が行動を狂わせてしまう」という話を書きました。一体どういうことなのか。それを理解してもらうために、この章ではイップスと脳の関係について説明します。「何でそんな難しい話を？」と思うかもしれませんが、なぜイップスのような症状が起きるかを理解しておくことは、克服のためにも、再発防止のためにも重要なのです。

イップスに悩む方は「早く克服法を教えてくれ」と思うことでしょう。実際、イップス研究所を訪れるなり「早く外に出てキャッチボールをやってください。技術練習をお願いします」と望む方も多数います。しかし、私はすぐに技術練習をしても効果は低いと考えています。もしかすると瞬間的な効果は出るケースがあるかもしれませんが、根本を理解していなければ、またすぐに元へ戻ってしまうのです。

イップスを正しく理解し、原因を探り、具体的な改善点がわかっていれば、再び同じような状況に陥ったとしても自ら対処できるようになります。クライアントに「独り立ち」してもらうことが目的ですから、「イップスの理解」という作業は避けて通れません。読者の皆様もお付き合いください。

さて、心はどこにあるかと聞かれたら、胸を指さす人が多いかもしれません。心臓に「心」の文字が入っているからでしょう。ただ、心臓はポンプのように全身に血液を送り出す役割を果たしているのであって、感覚や記憶をとどめておく機能は持っていません。

心は「脳」にあると言っていいでしょう。生命を維持するための食欲、睡眠欲、性欲といった動物的な本能から、運動の制御、感情なども脳がつかさどっています。「思うように動けない」というイップスも、実は「脳」と密接な関わりを持っています。うつ病や離人症などの「心の病」も同じです。イップス克服のため、ここはとても重要な部分です。少し難しい話になってしまいますが、脳の仕組みについて説明したいと思います。

人間の脳で全重量の8割を占めるのは大脳で「人間らしい精神活動」をつかさどっています。感情、思考、創造、言語、記憶の蓄積、さらには運動野といって運動をコントロールする機能も持っています。高等動物ほど発達しており、我々霊長類が進化していく過程で大脳は大きく発達してきました。

残り2割のうちの一つ、小脳は「運動の司令塔」と言われており、同じ姿勢を保つためにバランスを取ったり、体を動かすために筋肉や関節がどんな役割を果たすべきか計算する機能があります。運動の記憶も小脳に蓄積されるので、スポーツ界でよく言う「体で覚える」とは「小脳で覚える」と言い換えてもいいのです。

例えば、人間が歩く場合に脳内がどのような機能を果たしているか見てみましょう。まず、大脳が「さあ、歩くぞ」という指令を出すと、大脳の中の運動野に届き、脊髄を通って体へ指令が届きます。同時に、運動野から小脳へも指令が伝えられます。小脳は命令通りに手足が動いているかをチェックし、ズレがあれば修正して大脳や脊髄にフィードバックします。こうして、ようやく動きは現実のものとなります。

非常に大まかな説明になりますが、一瞬の動きの中で脳はあらゆるコンビネーションを取って運動をしているのです。

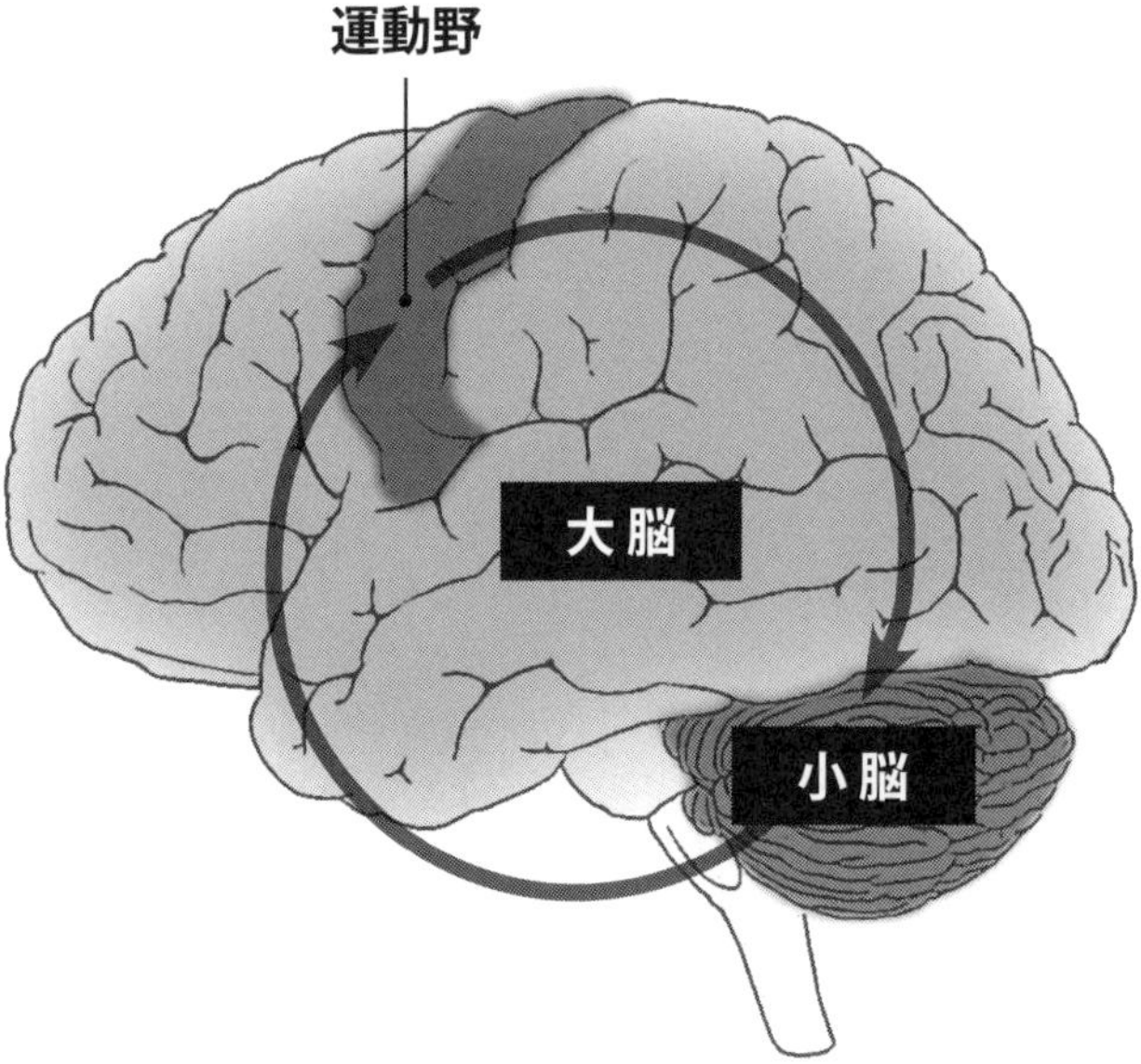

大脳の中にある運動野は、骨格筋に随意運動の命令を出す領域である。運動野からの指令は、小脳を経由して再び運動野に戻ってくる。意識して行う練習は大脳から、無意識を司る小脳に蓄積され、再び大脳に戻ってくることで、現実化し、能力として定着する。何らかの原因によって、不安や緊張などをともなった状態で、大脳から指令を送られると、小脳でうまく処理されないまま、大脳に戻され、「できない」形で現実化してしまう。これが繰り返されると、イップスとなってしまう。

意識と無意識

ここで考えてほしいのが「意識」と「無意識」です。歩くとき、最初に大脳が出す「さあ、歩くぞ」という指令は意識できます。歩いてどこかに向かおうといった意思なので当然です。

しかし、その後に小脳が果たしている役割…「過去の経験などから最適な動きを予測し、正しく修正する」という作業はどうでしょうか？　一般的には「足の筋肉をこう動かし、腕の筋肉はこう動き、肩甲骨はこのように…」と意識はしていないでしょう。つまり大脳の指令は意識しているが、小脳の働きは無意識ということになります。

大脳は意識（顕在意識）が95％の領域を占め、無意識（潜在意識）は5％しかないといわれています。一方の小脳は意識が5％で、無意識が95％もの領域を占めます。

つまり、大脳で意識した95％の情報を、小脳は5％しか受け取ってくれません。ただ、95％を占める小脳の無意識が、過去の経験などをもとに力を発揮してくれます。これを「潜在能力」と呼びます。大脳で意識した練習をすると、小脳にある無意識の領域に能力が蓄積されていくと考えてください。

もう少し詳しく説明すると、小脳は大きく「古い皮質」と「新しい皮質」に分類されます。古い皮質は平衡感覚などの調整や修正をしてくれ、一方の新しい皮質は、頭からつま先までの

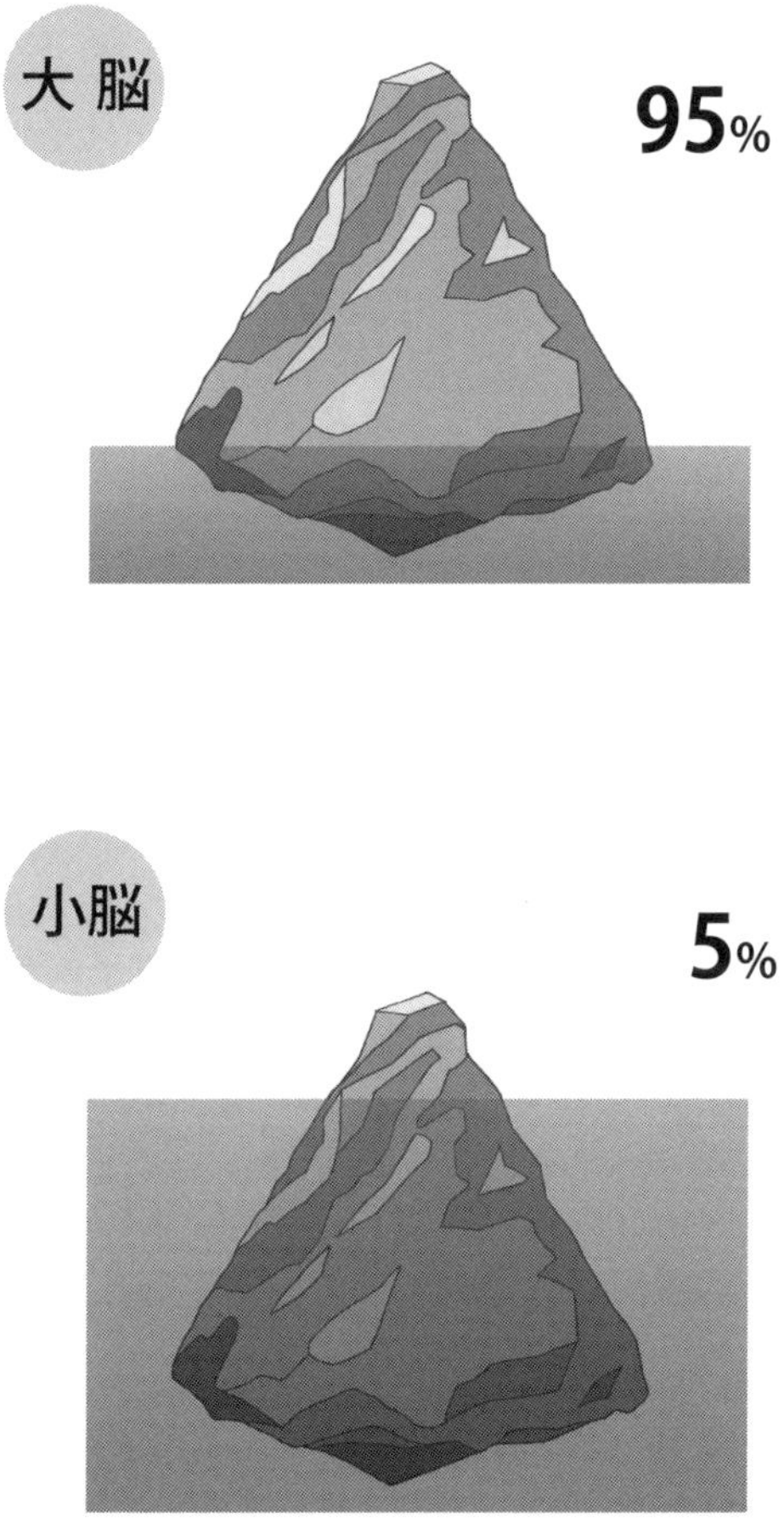

顕在意識は、大脳では95%を占めるが、小脳では5%しかない。小脳の95%もの潜在意識（無意識）領域に蓄積された経験・情報が、動作を大きく左右する。

筋肉、神経、すべての細胞を調整、修復して、手足を動かす指令を出します。

例えば野球の投球練習をするとします。下半身の使い方や肘の使い方などを意識して反復練習をすれば、小脳の新しい皮質にインプットされて、すべての細胞を調整、修正して体を動かしてくれるので、イメージに近い投球ができます。つまり、小脳は、大脳でインプットしたものを処理し、経験値と融合して大脳運動野にアウトプットできるようコントローラーの役割を担っているのです。

では、なぜイップスになると思うように動けなくなるのでしょうか？　それは、小脳の新しい皮質の部分に何らかの外的な要素が入ってしまい、正しい調整や修正をしてくれないためと言えます。大脳で意識して指令を出しても、小脳の無意識で動作が狂い、その狂った動作が大脳に戻って実際に体が動いてしまいます。これがイップスの状態です。つまり、イップスは「無意識」の部分で起きてしまう症状です。

例えば外的な要素が、あまりに極端な不安や緊張だとします。すると異物が入ってきた小脳の新しい皮質は…そう、たくさんの洗濯物を入れた洗濯機がぐるぐると回っている状態のようになってしまいます。正しく覚えた無意識の修正能力も、ぐるぐると回ってしまいます。

いくら大脳が意識して「こうやって動こう」と指令を出しても、混乱した小脳は状況に応じた修正機能を発揮してくれません。パニック状態の中で、指令（意識）とはまるで違う動きに修正されて大脳に戻り、動作として表面化します。

この状態で指導者が「こう投げなさい」「こう動きなさい」と教え込んでも、ぐるぐる回る洗濯機の中に新たな洗濯物を放り込むようなものです。ますますパニックがひどくなり、イップスは悪化してしまいます。

脳を手術する？

イップスが脳の影響によって生じることは、医学的にも実証されています。「イップス」はスポーツ界を中心に定着した言葉で、医学用語では「ジストニア」と呼ばれています。

ジストニアとは、無意識に筋肉がこわばり、意思とは関係なく動いてしまう「不随意運動」を起こしてしまうもので、全身のあらゆる筋肉に発症する可能性があります。字を書くときに手がこわばる書痙《しょけい》、音楽家が楽器を演奏するときに指や手が曲がってしまうなど、さまざまな症状があります。音楽家や精密機械の技師、歯科医など、特定の動作を極度に繰り返して発症に至る場合が多いため「職業性ジストニア」ともいわれます。

病院に行くと注射や投薬で対処する場合が多いのですが、脳の手術を実施するケースもあります。私は機会があって、実際に手術の映像を見たこともあります。頭を固定してジストニアを起こす動作を繰り返し、電気刺激などを与えて症状を改善する方法です。

私は医師ではありませんので手術による治療について詳細を述べる立場にありませんが、単純に脳の手術は恐ろしいと感じます。また、日常生活に支障が出てしまうような深刻な症状ならばまだわかりますが、スポーツで思うように動けないというイップスで脳の手術までに踏み切るのは、今のところ現実的ではないように思います。

話はそれますが、以前にNHKの番組「フランケンシュタインの誘惑」で「人を操る恐怖の脳チップ」という話題を取り上げていました。1970年代初め、ホセ・デルガードというスペイン人が脳に埋め込む電極チップを生み出しました。脳の局所に電流を流すことで体、そして感情までも動かしてしまうというものでした。番組では、デルガードは「怒りや悲しみといった人々のネガティブな感情を抑え込むことによって、平穏で幸せな社会を作り出す」という目的を持っていたと紹介していましたが、恐ろしい道具として世の中から反感を買ったそうです。

現代ではパーキンソン病の治療などで脳チップが使われており、そうした医学の進歩によって病気が改善できることは素晴らしいと思います。ジストニアやイップスでも、脳に手を加えることによって改善する可能性は決して否定しません。ただ、どこまで人が人の脳をいじって心身をコントロールしていいのか。そこは慎重に対応していくべきだと思います。

私の研究所にくるクライアントは日常生活に影響が出るような人ばかりではありません。野球やテニスといったスポーツをするときは思うように動けませんが、その他の行動に何の支障もない人もたくさんいます。医学的に言えば、治す必要がない症状といえるのではないでしょうか。日常生活に支障がないからこそ、特定の場所やプレー時に起きるイップス症状のケアが難しいのです。

実際、私の元にくる前に病院へ行ってイップスを相談したところ「だったら野球をやめればいいでしょう。野球をやらなくても困りませんよね」と言われたと聞きました。もちろん生きていく上ではそうかもしれません。しかし、夢を追いかけたり、目標に向かって努力を重ねるのも、人間が成長していく上で非常に大切な行動です。その過程で思うように動けなくなるという悩みが生じたとき、脳の手術や競技をやめるといった極端な方法だけでは対処できないと思います。

私がイップスに関わる動機は「困っている人を助けたい」「悩んでいる人に手をさしのべたい」という点に集約されます。症状の軽重にかかわらず、プロや五輪などトップレベルでプレーする選手だけでなく、あらゆるレベルの選手に競技を楽しんでもらいたいという思いにあふれています。そのための対処法を講じていますので、手術や競技をやめることは選択肢に入ってきません。

医学的な事例も含めて、ジストニアやイップスは、脳に何らかの混乱が生じたために起こる、脳から筋肉への伝達過程に不具合が起きた症状だと理解してもらえると思います。

心、頭、体のトライアングル

では、その小脳の新しい皮質を混乱させてしまい、イップスに陥ってしまう外的な要因とは一体何でしょうか。それぞれの人で症状や悩みは違い、原因も百人百様なので一概に決めつけることはできません。

例えば、故障からイップスに悩む人も多々います。肘を痛めて治療に専念し、すっかり治ったとします。しかし、痛くてかばいながら投げていた頃の記憶が残っており、腕を走らせる瞬間にブレーキがかかって体が思い通りに動かなくなってしまう。「あれ？　おかしいぞ」と思って試行錯誤を重ねているうちに、動作が狂ってしまうパターンは多くあります。

また、失敗の記憶から、類似した場面になると「また同じ失敗を繰り返してしまうのではないか」と考えて、体がこわばってしまうケースがあります。

各人で症状や悩みは違うので原因も百人百様ですが、多くは「思考」と「気持ち」に差が生じたために「体」の動きが狂ってしまうと言っていいでしょう。

「思考＝頭で思い、考えること」「気持ち＝心に感じること」「体＝技術」といえるでしょう。この三つはバラバラではなく、つながっているものです。楽器のトライアングルを思い浮かべてください。三角形のそれぞれの頂点に心（気持ち）、頭（思考）、体（技術）があります。トライアングルで素敵な音を鳴らすには、どの部分にも負荷がかかっていない状態が欠かせません。もし一辺をギュッと握ってしまったら、きれいな音色は響きません。人も同じです。

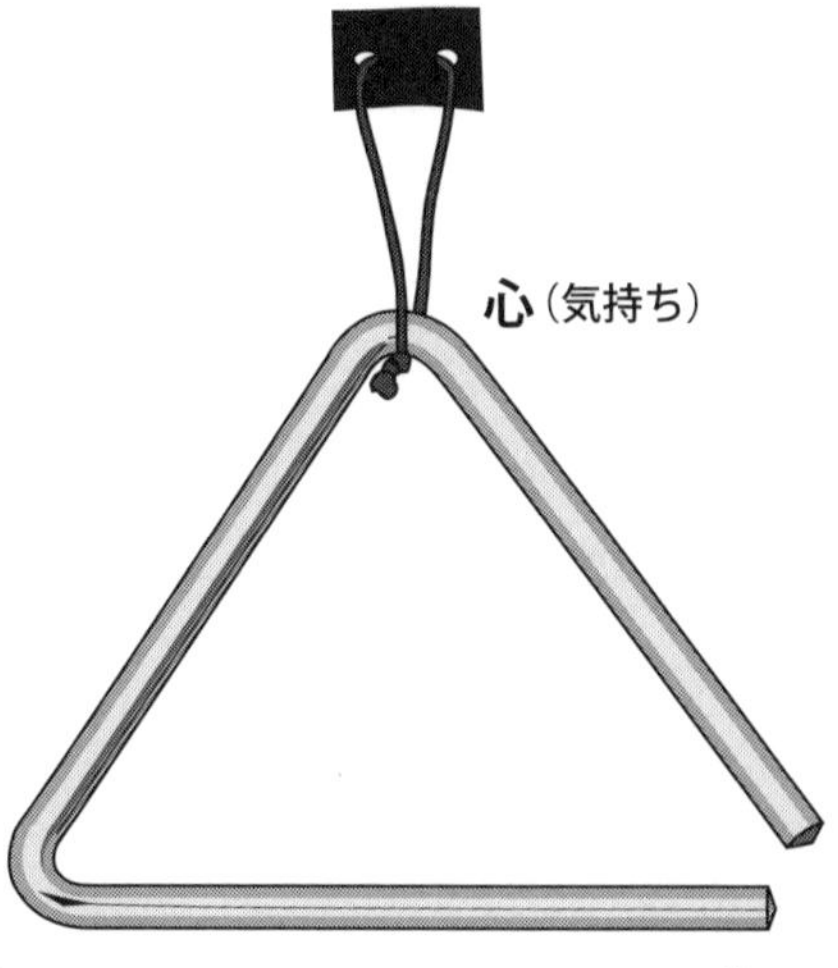

心（気持ち）、頭（思考）、体（技術）はつながっているため、いずれにも負担がなければ能力を発揮できる（トライアングルの良い音が響く）。

例えば、指導者が厳しくてちょっとしたミスでも怒鳴りつけてくるとします。毎日怒られているうちに気持ちが落ち込んで、大好きだったスポーツや音楽が楽しくなくなってきます。

頭で「今日も練習に行かなければならない。頑張らなくてはならない。ミスをしてはいけない。負けてはいけない」と考えていたとしたら、心…気持ちはどうでしょうか。「練習に行きたくない。怒られたくない」という本音が容易に想像できます。

頭（思考）と心（気持ち）に大きな差が出ていたら、これらとつながっている体（技術）に影響が出てしまう可能性が高くなります。すると、トライアングルはいい音を奏でてくれません。

頭で考えている「こうしなくてはいけない」は意識の1割で、そのとき同時に生まれる「こうしなくては大変なことが起きてしまうかもしれない」という不安が9割の無意識を占め、脳はそのイメージのまま細胞へ指令を出してしまいます。

人間はそう強くありませんから、本心にフタをしたままでは頑張り続けられません。いくら頑張ろうと意識しても、無意識の領域には練習や怖い指導者から逃げたい外的要因が入ってしまっています。これが体（技術）に現れ、思うように動けなくなってしまうのです。

イップスは「今、私の中で何かが起きている」というサインなのです。風邪を引いたら熱や咳が出るので体調が悪いとわかり、体を休めたり、病院で診察を受けたり薬を飲むなど対処します。もし、体に何も起きなかったら体調が悪いことにすら気が付きません。同じようにイップスも、何か無理なことが生じているというサインです。

指導者の暴言による不安なのか、練習方法に無理があるのか、取り組んでいるフォームが自分に合っていないのか、原因はそれぞれ違うでしょう。しかし、何か無理が生じているというサインですから、原因を突き止めて対処すれば必ず克服できます。

第3章

イップス研究所の克服方法

隠れた本心を探る

ここからはイップスの克服法を紹介しましょう。前章までに、イップスは脳と密接な関係があり、心（気持ち）と頭（思考）と体（技術）はつながっていると理解していただけたと思います。

私は来所したクライアントに、いきなり技術指導はしません。体（技術）に出ている症状は、心（気持ち）と頭（思考）のどこかに原因があります。まず、そこを突き止めていきます。原因や症状は千差万別ですが、共通しているのは、苦しんでイップス研究所にやってきたということです。まず苦しい状態を聞いてあげることが大切だと思います。

まずカウンセリングを実施しますが、いきなりイップスに陥った原因を追及はせず、「最初に異変を感じたのはいつ？」「どんな症状が出るの？」などと答えやすい質問を重ねていきます。

初めはうまく話せない方が多いです。なぜならイップスに陥っている人は、我慢を重ねているうちに、自分の思いをうまく吐き出せなくなっている場合が多いのです。「こうしたい」という思いをしまい込み、「こうしなければならない」と追い込まれてしまっています。

そのため自分がどんな状況に陥っているか、なぜそうなってしまうのか、自分は一体どうしたいのか…自分の希望や思いを見失っています。ですからカウンセリングで話し合う作業は、私が状況を把握するだけでなく、クライアント本人が現状を把握する目的もあるわけです。

例えば、あるとき「電車に乗るのが怖い」という方が来ました。「電車に乗ると不安が大きくなり、恐怖を感じ、過呼吸になってしまう」と言います。この方とは会話をしながら、電車が怖くなった原因を探っていきました。

私は「電車は襲ってこないよね。電車は何もしないから、本当は電車以外の何かが怖いのかもしれないね」と言って、最初に具合が悪くなった時期、その頃の状況などを聞いていくと、会社の上司との関係が悪化し「会いたくない」という気持ちが強くなっていたとわかりました。

毎朝、電車に乗って会社に行きます。電車に乗ると会社に到着する…上司に会う時間が近付いてくるので不安が大きくなり、過呼吸（パニック）が起きてしまいます。本人は「とにかく電車が怖い。電車さえなければいいのに…」と言っていましたが、原因は電車以外にあったわけです。

もし、きちんと話を聞かないで通勤の対策を講じていたらどうでしょうか。例えば「電車が怖いのだからバスで通勤しましょう」と言って手段を変えても、最初はうまくいくかもしれませんが、会社が近付くことに変わりはありませんので、しばらくすると同じ症状が起きてしまう可能性が高いでしょう。車で行っても、自転車で行っても同じです。

しかし、会社、上司との関係にストレスを感じているとわかれば対処法も違ってきます。上司との付き合い方を工夫するとか、第三者に入ってもらうなどして話し合う、さらには異動を願い出るなど、状況に応じて解決策を見出すことができます。何より本人が原因に気付けたことで前向きになれるケースは多くあります。

前述のケースでは、本人が本当の原因を把握した上で、一駅ずつ…少しずつ電車に慣れていくようケアしました。いわゆる「認知行動療法」です。

スポーツでも同じです。ある野球の選手が「ボールを投げるのが怖い」と言ってきました。「スローイングが苦手なんです」と繰り返すばかりです。しかし、カウンセリングを重ねているとレギュラーを外される恐怖心が強いとわかりました。「ミスをしたら監督にどう思われるだろうか？」「見放されてしまうのではないだろうか？」という気持ちが強く、プレーが萎縮しているとわかりました。

表面に出ているのは暴投であったり、ぎこちない投球フォームなどスローイングの問題です。しかし、無意識にある「レギュラーを外されたくない」という本心が体の動きを狂わせてしまっているのです。たまたまスローイングに症状が出ていますが、技術的な練習で送球を直したとしても、おそらく別のプレーに無理が出てくるでしょう。

よく「イップスは転移する」と言われます。ゴルファーがパットのイップスに陥り、一生懸命に技術練習を繰り返して克服したら、今度はショートアイアンに出てしまい、そのうちドライバーまでおかしくなっていくという具合です。表面に出ているプレーばかりを追いかけていても、なかなかイップスは克服できません。

だからこそ、私はカウンセリングなどの会話で状況把握に時間をかけます。短時間に予約を詰め込めば商売としては繁盛するのかもしれません。しかし、私は状況把握の時間を省いてイップス克服を指導することなどできません。それぞれの人で置かれた環境は違い、悩みも違います。それによってかける言葉も、対応策も変わってきますから、状況把握を省いてしまってはピント外れの処置になってしまうかもしれません。

イップスが認知されるにつれて、さまざまな指導者も増えています。なかには一方的に「こうすればイップスは治ります」と画一的な指導をしている方もいると聞きますが、私には信じられません。人間は機械ではありませんから、こうすればこうなるといった方程式など存在しないと思います。個々に向き合う必要があるからこそ、時間をかけて理解していく必要があります。

第1章で紹介した「ＹＧ性格検査」を用いて心理テストも行い、この結果も参考に話を進めていきます。心理テストのいいところは、結果が目に見える形で出ることです。クライアントに見せると「えーっ、自分では積極的なタイプだと思っていたのに…」とか「ああ、すごくわかります」などと反応があり、会話が弾むようになります。

「自分ではどう思っていた？」「思っている以上に疲れているんじゃない？」などと投げかけると、せきを切ったように自分の思いを口にする人もいます。辛いと思っていること、苦しかったこと…「こんな簡単なことができない自分が情けない」「本当は逃げ出したいんです。でも、周りに迷惑をかけてしまうので、それはできません」などと、本音が出てくるきっかけになります。

そうです。カウンセリングや心理テストによって、クライアントに自分を客観的に見る機会を与えたいのです。私が状況を把握したいという思いも、もちろんあります。しかし、一番大切なのは「自ら気付く」ことです。

私はイップスに対処していく上で「受け容れる」という言葉をよく使います。「入れる」ではなく、もっと深く大きく受け止めるという意味で「容れる」という字を使っています。

◆うまくできない自分を受け容れる。
◆失敗してしまった自分を受け容れる。
◆弱っている、疲れている自分を受け容れる。

受け容れるとは、決してあきらめではありません。受け容れることによって「では、どうして前に進むのか？」という再スタートになります。逆に「こんなはずではない」と受け容れられなければ、対策も立てられず前へ進めません。

研究所に来たとき「僕、イップスになっちゃったんです。思うように動けなくなってしまいました。何とかしたいんです」と受け容れができている人は、ハードルを乗り越えるのが早い傾向があります。

一方、親御さんや指導者に半ば強制的に連れて来られて、いつまでも「オレはイップスなんかじゃない。イップス扱いしてほしくない」と受け容れられない人は時間がかかります。その場合は、心の奥にしまってある本音が出てくるまで時間をかけます。

以前テレビ番組で、イチローさんが高校時代のイップス体験を告白していました。どのようにして乗り越えたかを問われ「センスです。これは努力ではどうしようもない。センスです」と答えています。私はイチローさんの言う「センス」とは、いわゆる「野球センス」という運動能力ではなく、自分がどんな状態にあるのか、そして脱するためにはどうすべきか「気付くセンス」ではないかと解釈しています。

高校時代のイップスに限らず、超一流選手のイチローさんも数々の難関を越えてプロ生活を歩んできました。その都度、難関を越えるための方策に気付き、強い意思で実践してきたからこそ、日米の球史に残る選手になったのです。野球の能力だけでなく、ハードルをクリアする能力があったからこそだと思います。

自分の現状や本音に気付き、受け容れられれば、次のステップに進めます。ここまでくればイップスは必ず乗り越えられます。

無意識のメンタルトレーニング

さて、カウンセリングや心理テストをしてクライアントの状況をある程度まで把握できたら、次は「無意識のメンタルトレーニング」と呼ぶステップに進みます。いわゆるスポーツ催眠療法で、言葉による暗示でクライアントの無意識領域をケアしていきます。

「催眠」というと、怪しげな「催眠術」を思い浮かべる方もいると思いますが、まったく違います。医療催眠といって医療の現場でも使われているもので、その方の症状を緩和できる言葉をかけることによって脳を変性意識状態に導き、リラックスさせて「自然な状態」を取り戻す方法です。私は「脳の中をマッサージするようなもの」とクライアントに説明しています。

具体的に説明しましょう。イップス研究所の一室に置いてあるリクライニングソファに座ってもらい、窓は遮光カーテンを引いて電気を消し、真っ暗な状態にします。リラックスできる音楽（胎教音）を流して、クライアントには目をつぶってもらいます。

「何もせず、何もしようと思わなくていいですよ」「いろいろと声をかけますが、聞こうとしなくてもいいです」「私の声は聞き流してください」と声をかけます。「もし眠くなったら眠って構いませんよ」と付け加えますが、皆さん、これから何が起きるのかと不安もあって最初はちょっと緊張しています。

私が言葉をかけて、体の力を抜いていきます。イップスに悩み、苦しんできたクライアントは、何とかしようともがいている中で体にガチガチに力が入っています。これでは「自然な状態」とは言えません。

まず、ゆったりした状態になってもらうために、ゆっくりとしたイメージを促します。例えば「目の前に20段の階段があります。そこを一歩ずつ、ゆっくりと降りていきます。20、19、18……」といった具合です。イップス状態に陥ったクライアントは、焦っていますから、数字を数えるテンポも早くなっている傾向があります。そこで私がのんびりと「じゅ〜〜うなな…じゅ〜〜うろく…」と、ゆぅ〜ったりとしたテンポで数えていきます……「じゅ〜〜〜うごぉ〜〜、じゅ〜〜〜うよ〜ん」。

こうすることでクライアントの力が無意識に抜けていきます。さらにエレベーターをゆっくり降りていく場面や、長い廊下をのんびりと歩く場面をイメージしてもらい、脳内のリラックスを促します。リラックスできるイメージ法です。

次は分割弛緩法で力を抜いてもらいます。私は「50回暗示法」といって、目、あご、首、肩、

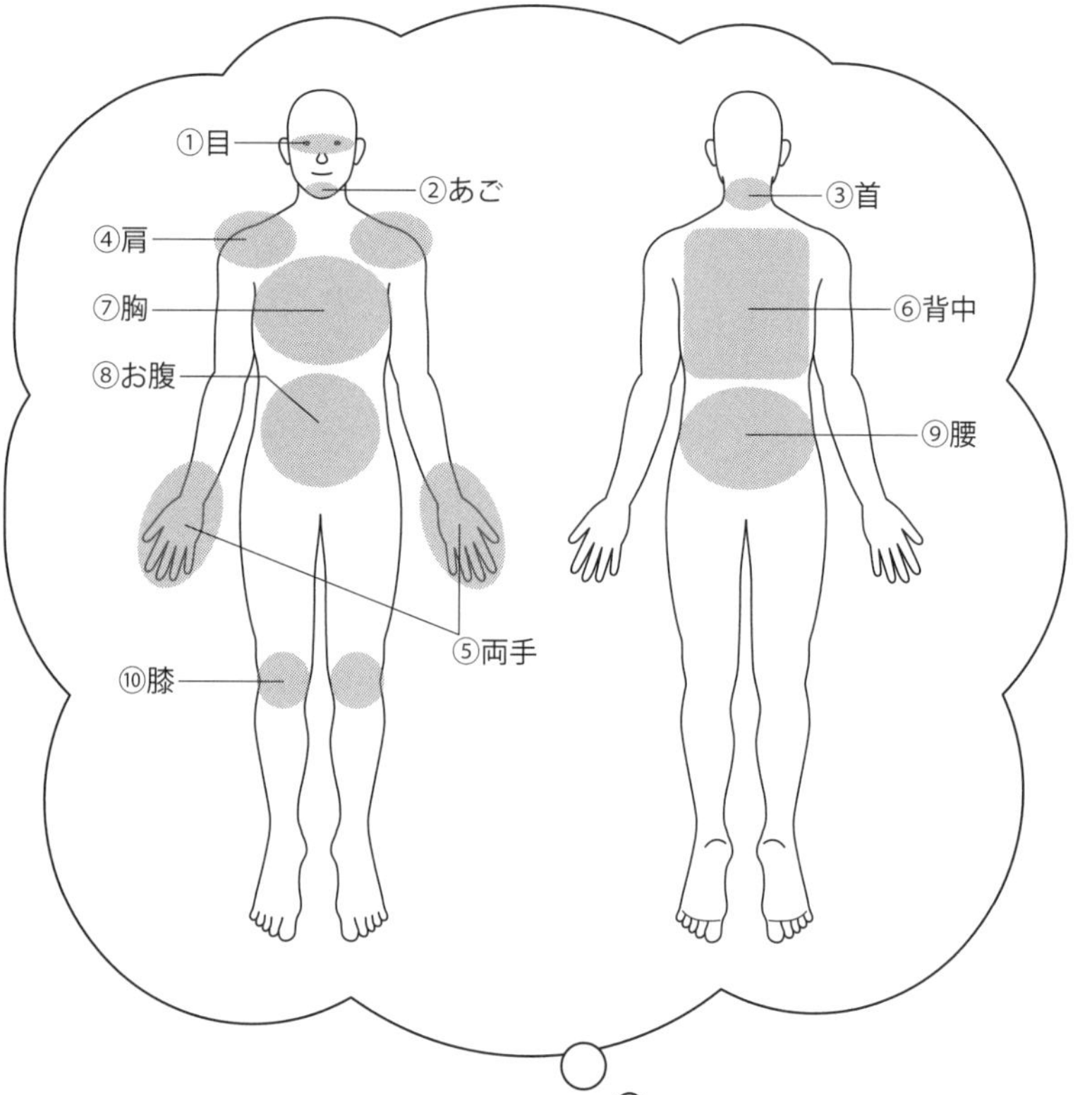

「50回暗示法」は、全身の
10か所を各5回ずつ順々に
脱力していく。

両手、背中、胸、お腹、腰、膝という10か所を5回ずつ…計50回にわたって力を抜いていく方法を用います。

「目の周りの力が抜けていく…」
「あごの力が抜けていく…力がだんだん抜けてきましたね」
「次は首の力が抜けていく…」
「次に肩の力が抜けていく…」

このように部分的に脱力を促していきます。最初は緊張感があったクライアントも、続けているうちにリラックスした状態になっていきます。悩み、苦しんでいた日々は全身に力が入り、歯を食いしばって耐えていたのでしょう。

体の力が抜けていくとともに、呼吸がゆっくり大きくなっていきます。緊張状態にある人は、息を吸うが、うまく吐き出せない場合がほとんどです。息を吸い込むと体に力が入り、大きく吐き出せば力が抜けていきます。呼吸のバランスが崩れているので、どんどん体に力が入っていきます。

イップスで苦しんでいる人は、言いたいこと、やりたいこと、不満も不安も恐怖も、体内に溜め込んでしまっているのです。リラックスしていくとともに、うまく息を吐き出せるようになっていきます。うまく息を吐き出せるからこそ、体から力が抜けていきます。

クライアントが脱力したのを確認すると、私はそっと部屋を出ていきます。CDプレーヤーから「ボーン、ボーン」という規則正しい音が響くのをぼんやりと聞いてもらい、のんびりした状態を維持してもらいます。これは脳を休める効果、深める効果があります。

後で聞くと、ほとんどの人は私が退室したことに気付いておらず「起きていたのか、眠ってしまったのかわからない」と言います。起きている状態と寝ている状態の中間ぐらいといっていいでしょう。もっともリラックスした状態です。

そして数十分後、私は部屋に戻ってクライアントに言葉をかけます。言葉は暗示です。人間は言葉の暗示に反応しやすいもので、例えば体調に不安などないのに「君、今日はずいぶん顔色が悪いねえ」と言われたら、何だか体調が悪かったような気がしてくるものです。逆に「今日はいいスイングをしているね。打てそうだよ」「いつもより球が走っているから勝てるよ」などと言われたら、最初は「そんなことない」と思っていても次第に気持ちも前向きになるものです。

私はリラックスしたクライアントに暗示をかけていきます。ここでかける言葉は個々で違います。原因や悩みが違いますから、その症状に合った言葉をかけていきます。

分割弛緩法などで十分にリラックスしている状態ですから、緊張状態にあるときよりも暗示は素直に入っていきます。リラックスした状態で暗示をかけるので、意識ではなく無意識の部分にアプローチできます。だから、私は「無意識のメンタルトレーニング」と呼んでいます。

時間も個々で差が生じますが、おおむね50〜60分ほどかけるでしょうか。しかし、終えたときに「何分ぐらいやっていたと思いますか？」と問うと「15分から20分ぐらいでしょうか」と答える人が多いです。あまりにリラックスしていたので時間の経過も感じなかったといっていいでしょう。

この無意識部分のケアをせず、技術やドリルだけで動きを直そうとすると、うまくいかなかったり、時間がかかってしまいます。

無意識部分のケアは、一度だけでも大きな効果が出る場合が多いですが、通常の生活に戻ると再び力が入ってきます。何度か繰り返していくうちにセルフコントロールも覚えてきて、自分で解決する術も学んでいく人が多くいます。

実際にやってみないと理解しにくい部分はあるでしょうが、私の研究所にはすでにイップスを克服した人も多数訪ねてきます。もうイップスには悩んでいないが、メンタルトレーニングの一環として、この「無意識のメンタルトレーニング」を求めてくるのです。イップス克服に限らず、個々の自然な状態を取り戻す上でも非常に効果がある方法だと私は考えています。

そうです。投げられるようになるための無意識のメンタルトレーニングではなく、個々本来の自然な状態を取り戻すため、無意識に力が入っていたものを抜いていくために使う療法として行っています。

スローイングのドリル

研究所には、あらゆる種目のスポーツ選手が来ます。また前述したようにスポーツに限らず、音楽家や医師、そば打ちの名人もいました。日常生活に困っている人もいます。カウンセリングや「無意識のメンタルトレーニング」は、種目を問わずして効果を得られる方法です。

ただ、野球の投球を含めたスローイング、捕球、バッティングについては、加えて技術指導も行います。ドリルは何十種類にも及びますが、その一部を紹介しましょう。

最初にお断りしておきますが、このドリルを用いた技術指導だけでイップスは克服できません。あくまで技術指導は、医療催眠療法…「無意識のメンタルトレーニング」を実施した後に行うことで効果が出るもの考えています。

研究所のドリルだけをマネして動画サイトにアップしたり、技術指導をしている人がいますが、そうした人々に私は強く抗議したいと思っています。狭い了見で言うのではありません。中途半端な指導では、イップスに悩む人を救えないと考えるからです。読者の皆様にも、以下のドリルを参考にしてほしいと思いますが、これだけで効果は出ないことを理解してください。

さて、スローイングのドリルは基本的に「肘から指先までをうまく使う」ことを目的としています。イップスに陥った人は、肘よりも先にボールを持つ手のひらが前に出てしまう傾向があります。

正面を向いて、グラブ側の手を胸の前で横方向に伸ばし、その上に利き腕の肘を乗せます。ウルトラマンのスペシウム光線のようなポーズです。この状態でヘッド（ボールを持った手）を走らせます。

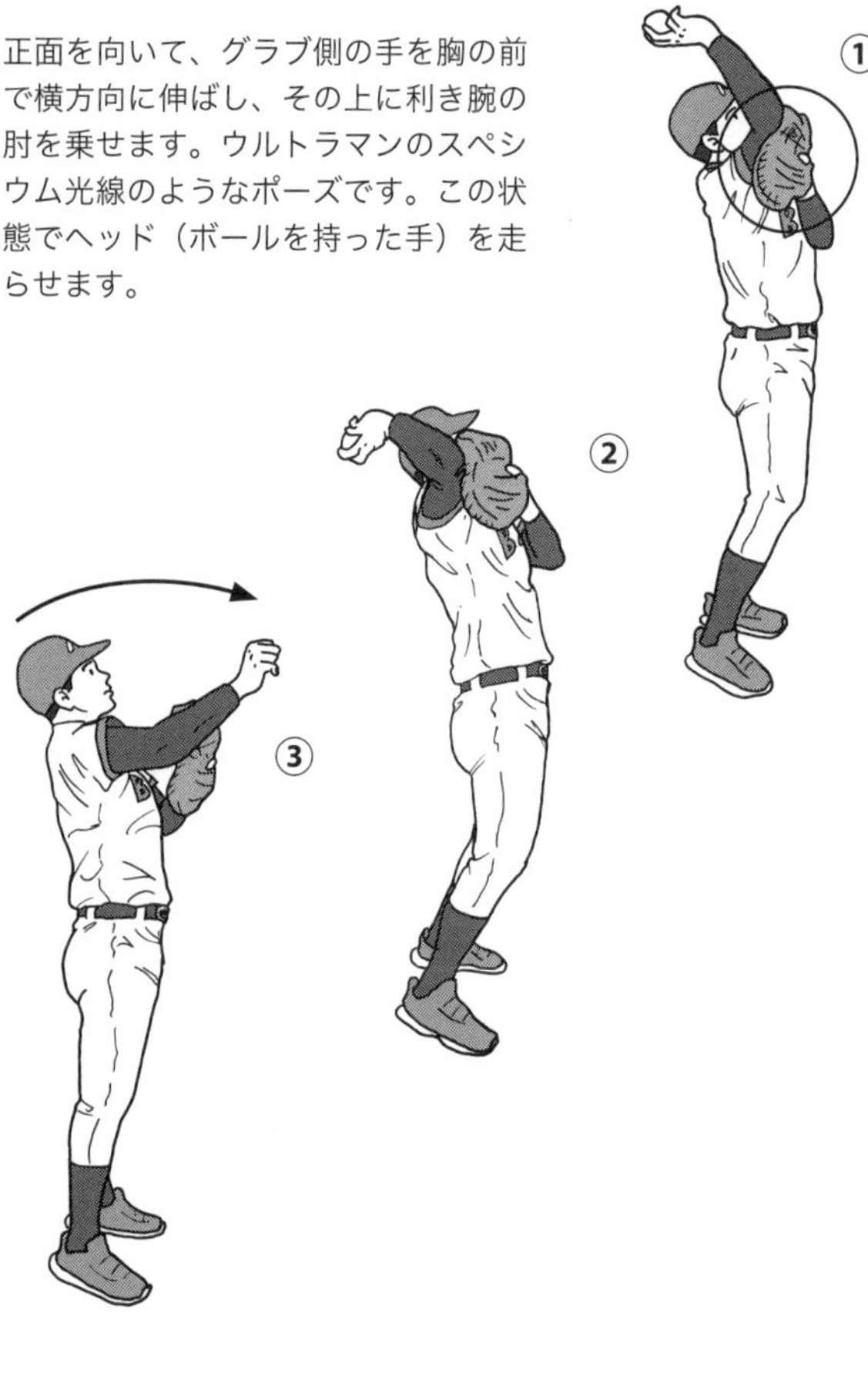

Point

ボールが先に先に行きたがって、うまく投げられない人が多いかもしれません。肘より先は意識せず、自然に出ていくといいです。そのためにもボールを持つ指から肘まではリラックスするよう心がけましょう。少しずつ距離を伸ばし、いけるところまでトライしてください。

横を向き、やはりグラブ側の腕を横方向に伸ばします。この腕の上から投げ、次に下から投げます。グラブ側の腕が壁の役割をしてくれますので、体が前に突っ込んでいきません。自然と肘から先が走っていきます。

⑤

⑥

⑦

⑧

Point

このドリルで体の回転をチェックします。下半身が横回転だと、グラブ側の腕より下から投げるほうがうまく投げられます。それならば無理にオーバースローにするより、スリークオーターやサイドスローにしたほうがいい場合があります。下半身と上半身の回転がバラバラだとスローイングが狂い、怪我にもつながります。

正面を向いて立ち、左右に体を振ってから投げます。体を振ったときに、相手から目を離す…「目線を切る」ことが大切です。よく子どもにキャッチボールを教える際に「相手から目を離さないように」と言いますが、両目で相手を見ていたら体が開いてしまいます。目線を切ることによって、膝をうまく使って大きくテイクバックでき、リズムよく、肘が前に出やすく、やわらかく自然に投げられます。

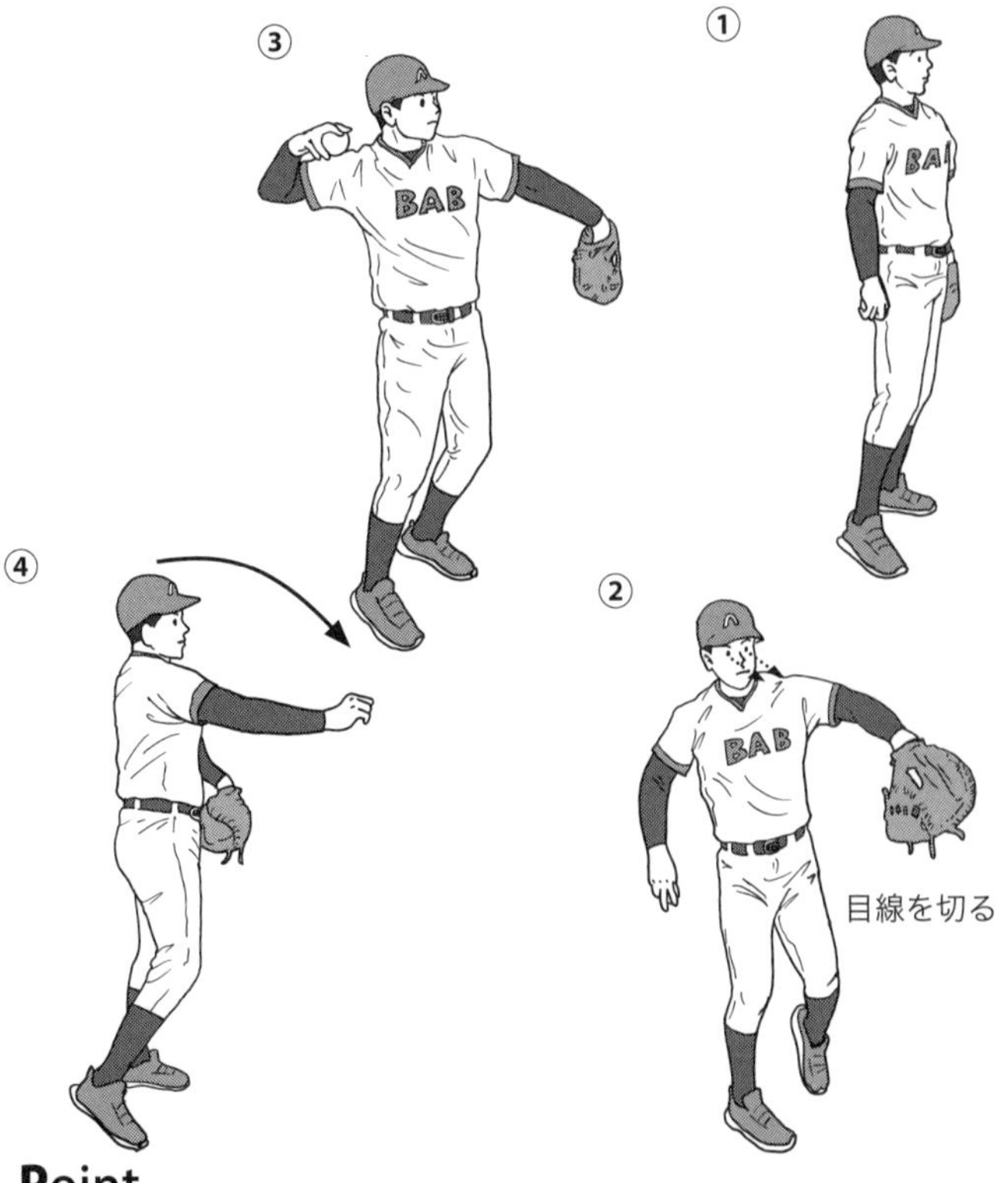

Point

実際にやってもらえばわかりますが、体を揺らすことによって股関節にうまく体重が乗ります。股関節というと股の付け根と思われがちですが、英語で言えば「ヒップジョイント」…つまりお尻の付け根です。

人間は目から80%以上の情報を得ます。目線の使い方はイップス克服のみならず、プレーが上達していく上でも非常に大切になります。

次はバックステップ投法です。投げる側の足だけで立ち、後方にジャンプしながら投げて、グラブ側の足で着地します。

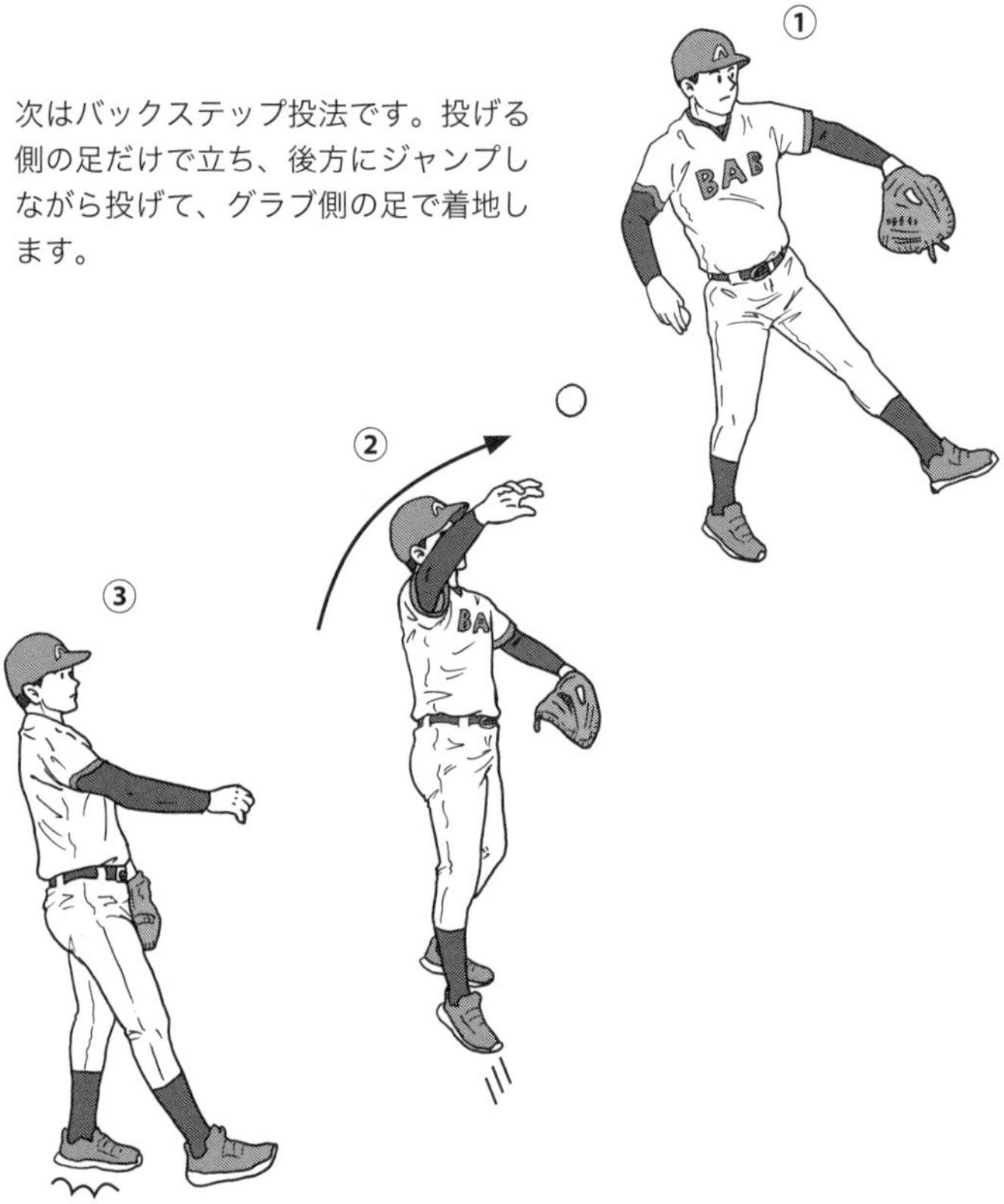

Point

スローイングに悩む人の多くが、腕で投げようとするあまり体が前へ突っ込んでいきます。すると肘よりも肩を使って投げるフォームになってしまい、なかなか思うようなボールは投げられません。アーム投げになってしまい、ボールが伸びず垂れてしまいます。後方へジャンプすることによって、タイミングよく肘から先を走らせる感覚を養っていきます。

投げるタイミングをつかめてきたら少しずつ距離を伸ばし、最終的には50～60メートルまで投げられるようにしてきましょう。バックステップで長い距離をライナーで投げようとすれば、自然と無理のないトップ…つまりゼロポジションに入っていきます。

そして、個々にあった克服ドリルを選択し取り入れていきます。また、レベルが上がっていくと、精度を上げていくための克服ドリルも変化していきます。

繰り返しますが、ドリルをマネするだけではイップスは克服できません。その点は重ねてご理解ください。

第4章

イップスの具体例と対処法

この章ではイップスに悩んでイップス研究所に来た方、相談を受けた方の例を元に対処法を紹介します。これまで紹介した考え方、方法が基本にありますが、実際にどのような対処をするのか参考にしてください。

楽譜が真っ白になるギタリスト

症状

プロのギタリスト、Aさん（40代、男性）が「本番中に突然、楽譜が真っ白になってしまう」とイップス研究所に来ました。もちろん、音符はきちんと書かれているのですが、本人には真っ白にしか見えなくなってしまうそうです。プロとしての経験が豊富なだけに何とかアドリブでごまかして演奏を終えていますが、Aさんは「いつ真っ白になってしまうのか不安だ」と悩んでいました。

対処

カウンセリングで話をすると「楽譜が真っ白になったらどうしよう」と繰り返して言います。

「楽譜が真っ白になると、どうして困るんですか？　観客には見えないでしょう」

「いや、だって楽譜が真っ白になったら、うまく演奏できないでしょう」

「じゃあ、困るのは楽譜が真っ白になることではなく、うまく演奏できないことなんですよね。逆に言えば、楽譜が真っ白になっても、演奏がうまくできればいいでしょう」

「……まあ、そうですが……」

「Aさんの本心は、うまく演奏したいというところにあるのではないですか」

Aさんはしばらく考え、次第に本音を口にするようになりました。

「観客を魅了するような演奏をしたいんです」「ライバルたちをアッと言わせるような音を出したいんです」

最初は純粋だった向上心がいつしか「そんな演奏ができるだろうか」「できなかったら、どうしよう」という不安に変わり、その不安が強くなり、楽譜が真っ白になるという形で表れてしまったのです。

原点はいい演奏をしたいという、ミュージシャンとしての思いなのです。

「楽譜が真っ白になるとか、観客を魅了するとか、ライバルをアッと言わせるとか、そういったことはすべて忘れて、いい演奏をすることに戻ってはどうでしょう。私は音楽に詳しくありませんが、Aさんが目指す演奏とはどんなものなのでしょうか」

私がそう聞くと、Aさんは突然せきを切ったように話し始めました。理想の音とは何か、自分の持ち味は何か。そしてギターを始めたきっかけ、初めて買ったギターの話、好きな曲の話…。Aさんは何かに気付いたのでしょう。私はAさんにソファに座ってもらい、無意識のメンタルトレーニングを始めました。体も、脳内もリラックスして、自然なAさんを取り戻してもらうのです。早かった呼吸がゆっくり、大きくなって、力が抜けていくのがわかりました。

終わった後で「どうですか」と聞くと、Aさんは「早く帰ってギターが弾きたい」と言いました。「最近は楽譜が真っ白になる不安から、ギターを弾くのはとても気が重かったんです。でも、今は早く弾きたい。先生、さようなら」。そう言って飛んで帰ってしまいました。

そして後日「楽譜が真っ白になることはなくなりました。本番前に不安が胸をよぎっても、いい演奏をすることだけを考えています。観客もライバルも関係ありません。自分の好きな音を出すためにどうするか、それだけを考えるようになりました」

私は音楽鑑賞が大好きですが、楽器を弾けるわけではありません。プロのギタリストである

Aさんに技術指導はできませんが、それでもイップスを克服するお手伝いができました。Aさんは本質に「気付く」のが早い方だったので、すぐに克服できました。

最初の言葉が出ない声優

症状

声優やナレーターを務めるBさん（20代、女性）は、どうしても最初の文字が口に出てこないことで悩んでいました。ただ、最初の言葉はつまずくが、その後はスラスラと出てくるというのです。

Bさんは自分をリラックスさせるため「最初の言葉がダメでも大丈夫だ。最初の言葉はつまずくけど、その後はうまくしゃべれるんだ」と言い聞かせて本番に臨みますが、やはり最初の言葉が出てこず、その焦りから続く言葉もミスが増えてしまっていたそうです。

対処

Bさんが自分に言い聞かせていた「最初の言葉がダメでも大丈夫だ」という言葉は、一見すると前向きなようですが、むしろ最初の言葉でつまずくイメージをふくらませてしまっています。

スポーツでも「暴投しないように」「エラーしないように」「転ばないように」と考えたとき、頭の中に浮かんでいるイメージは、「しないように」というシーンです。野球のバッターが「フライを上げないように」と考えるなら「ゴロを打とう」とイメージを転換したほうがいいのです。ゴルフのパットで「オーバーしないように」と考えるなら「ショートしてもいいや」と考えたほうが体はリラックスできます。要するに、イメージの転換です。

Bさんには無意識のメンタルトレーニングを施した後、このイメージの転換についてアドバイスしました。

「最初の一言は口を大きく開こう」

「笑顔で話そう」

なりたくない自分ではなく、なりたい自分をイメージしていくことで、彼女は最初の言葉も思った通りに出るようになりました。今でも大活躍しています。

飛行機でパニックを起こす国会議員

症状

国会議員のCさん（60代、男性）は、飛行機や新幹線に乗るとパニックを起こしてしまいます。選挙前はさまざまな地を回らなければなりませんが、あるとき離陸直前にパニックを起こして「降ろしてくれ！　出してくれ！」と叫んで大騒ぎになったそうです。以来、飛行機や新幹線に乗ると不安が高まり、動機が激しくなったり、息苦しくなってしまうというのです。「これでは仕事になりません」と悩んで来所しました。

対処

カウンセリングで話を聞くと、日々仕事ばかりでほとんどプライベートがないとわかりました。オーバーワークが大きな要因だと思い、まずは心身ともに休むよう勧めました。「忙しくて休む暇なんてない」と言い張るCさんに、私は「急がば回れという言葉もあります。今のように不安を抱えながら仕事を続けているより、ゆっくり休んで、リフレッシュしてから思い切り仕事をしたほうがいいのではないでしょうか」と話しました。

体は異変があればサインを出してくれます。転んですりむいたら「痛い」「血が出る」、風邪を引いたら「熱が出る」「咳が出る」。その症状は辛いのですが、サインには意味があるのです。それを読み取って消毒する、薬を飲む、体を休めるなどの対処が必要になります。イップスも同じです。表に出る症状は「飛行機内でパニックになる」という、やっかいなものです。しかし、Cさんの体は一生懸命に「今は本調子じゃないよ」と教えてくれているのです。忙しすぎるCさんは、やはり休むことが先決だと考えました。

休むと同時に、自分に向き合うことも促しました。

「自分は今どういう状態なのか？」

「何が不安なのか？」

「何を恐れているのか？」

話していくと、少しずつ本音が出てきます。期待に応えたい思い、選挙への不安…そんなことを話していく過程で、Cさんが言いました。

「河野先生、私は最近よく妻と話すようになったんです。自分の現状を見つめ直していたら、妻がどれだけ私のことを考えてくれているのか気付いて…今まで自分のことばかり考えていたけど、ああ妻は私を心配してくれているんだと思ったんです。不思議ですね。自分を見つめ直したら妻や家族をはじめ、サポートしてくれる人々の気持ちがわかってきました」

奥様や家族に感謝の言葉を口にしたところ、それまで以上に関係が良好になっていったそうです。忙しくても、家族に1本電話を入れたり、みやげを買っていって喜ばれたり…そんな変化が起きて「何か人生が変わったような気がします」と言っていました。

そうです。私は「イップスはギフトなんです」と言っているのですが、うまくいかない症状が起きたこと自体は好ましくありませんが、それを機に、よりよい状況に発展していける可能性を秘めているのです。

ちなみに、Cさんには後日談があります。

何度か無意識のメンタルトレーニングを行った後のある日、突然電話がかかってきました。興奮したように「先生、助かったよ。おかげで本当に助かりました」と繰り返すのです。落ち着いて話を聞くと、沖縄から帰京する機内で、離陸直後にパニックを起こしてしまったそうです。

「『大変だ！』と思ったときに頭に浮かんだのが河野先生の顔でした。『そうだ』と思って、自分で無意識のメンタルトレーニングをやってみたんです。目の周りの力を抜いて、あごの力を抜いて、首の力を抜いて…と、いつも研究所でやってもらっているようにやってみたんです。そうしたら呼吸が楽になり、いつの間にか眠っていて、気付いたら羽田空港に着陸していたんですよ。もう、うれしくてね。真っ先に先生に知らせたかったんですよ。これからもパニックになったら、これでいきます。もう怖くないです」

一時的な対処方法としては効果抜群でしょう。こうなってくれれば、私としてもうれしい限りです。イップスや心の病になったとき、最初からセルフコントロールだけで克服するのは非常に難しいので、我々がケア、サポートをしますが、克服していく過程でセルフコントロールをできるようになっていくのが好ましいです。当研究所では、そういった指導も実施していきます。

道に迷ってしまう大学生

症状

音楽大学に入学したばかりのDさん（10代、男性）は、得意だったピアノを演奏する際「イメージ通りに指が動かせなくなった」と来所しました。意思に反した不随意運動である職業性ジストニア（第2章「イップスと脳の関係」を参照）と考え、専門の病院に通いましたが、どうしても改善しないためイップス研究所に来ました。

Dさんは、イップスに陥った人に顕著な症状が見られたので記しておきます。

当時の研究所は、ＪＲ横浜線「小机駅」から徒歩10分ほどのところにありました。小机駅は日産スタジアムの降車駅でもあり、電話で約束した際に「小机駅から電話してくださいね。日産スタジアムとは逆方向なので、そちらに降りないよう気を付けてください」と説明したところ、Dさんも「はい、わかりました」と答えていました。

ところが当日に電話がかかってきて、スタッフが「小机駅に着きましたか？」と聞くと「日産スタジアムに着きました。正面玄関にいます」と答えが返ってきました。スタッフは電話をつないだままで誘導をすることにしました。

「そのまま電話を切らないで歩いてくださいね」

「はい、わかりました」

しかし、その場で電話は切られてしまいました。再度かけなおして説明し、迷いながらもマンションに到着したので、スタッフは「エントランスに入るとインターフォンがあるので〇〇〇号室を押してくださいね」と電話を切りました。しかし、部屋の呼び出し音は一向に鳴りません。10分ほどすると再び電話がきました。

「何号室ですか?」

人の話が、まるで頭の中に入っていかない状況でした。決して方向音痴というわけではありません。イップスや心の悩みを抱えている人にはよくあるのですが、会話をしているようで、こちら側の話がほとんど頭に入っていません。「はい。わかりました」と返事はしていても、うわの空というのでしょうか。脳内が「いっぱい、いっぱい」の状態になっていて、他人の言葉が入ってくるスペースすらないわけです。

対処

なぜ、Dさんの脳内が「いっぱい、いっぱい」になってしまったのか。それを把握するところから始める必要があります。約束の時間を大幅に過ぎて到着したことから「遅くなってすみません」と何度も謝罪するDさんに、私は「気にしなくていいですよ。ゆっくり話しましょう」と言ってソファに座ってもらいました。

イップス症状が重くなってしまった場合、なかなか自分の思いを口にしない人が多くいます。悩みが深くなっていく過程で、「一体自分が何に悩んでいるのか？」を見失ってしまうのです。ゆっくりと話を聞き、根本の原因を探っていきます。私が把握すると同時に、Dさん本人が「自分の思い」に気付いていく必要があるのです。

Dさんは最初、あまり言葉を発せず、こちらが質問をしても「…はい」「…そうですね…」などと力なく答えるだけでした。焦ってはいけません。無理に聞き出そうとせず、雑談をして興味のある話題を引き出しながら、ときには沈黙の時間が長くなっても、のんびりと話を聞いていきます。

しばらくすると、ポツリポツリと自分の話をしてくれるようになりました。

幼い頃からピアノを教わっていた先生とのレッスンは楽しく、この先生のおかげでピアノが好きになっていったそうです。しかし、音楽大学への入学を機に、さらなる技術向上を目指して新しい先生にレッスンを受けるようになりました。

ところが、この先生はレッスン中に怒鳴ったり、否定する言葉を連発する人でした。「何でこんなこともできないんだ」「またミスした」「この前、教えたばかりだろう」。あからさまな溜め息、「だめだ」というように首を左右に振ったり……。

最初はDさんも「このレッスンに付いていき、もっとピアノをうまくなろう」と考えていましたが、次第に「先生が満足するような演奏はできない」「自分はだめなんだ」と思うようになり、いつの間にか、演奏中に指が動かなくなってしまったというのです。ジストニアを疑って病院に通い、投薬治療を受けても実感できず「もうピアノはできない」「大学をやめるしかない」と考えてしまうところまで追い込まれていました。

早くピアノが弾けるよう焦るDさんに対し、しばらくレッスンから離れて休むように勧めました。

「ここまで頑張りすぎていたから、君の体を休めてあげようよ。若いDさんだけど、疲れるときはあるよ。うまくいかないことだってある。人間は完璧ではないんだよ。ちょっとのんびりして、リフレッシュしていこうよ」

無意識のメンタルトレーニングを施しているうちに、Dさんの呼吸が大きく、深くなっていきました。我慢に我慢を重ね、言いたいこと…「先生、そんなに否定の言葉を言わないでください」「僕はもっと楽しくピアノを弾きたいんです」といった思いを閉じ込めているうちに、うまく呼吸ができなくなっていたのでしょう。

リラックス状態と緊張状態には、呼吸が大きく関係しています。試してもらえればわかりますが、体にグッと力を入れて緊張状態にあるときは、息を吸っているか止めているかのどちらかです。逆に大きく「フーッ」と息を吐けば、体の力は抜けていきます。

イップスに悩んで来所した方は、うまく呼吸ができていない場合が多いのです。息を吸うけど大きく吐き出せない。無意識のメンタルトレーニングを用いて大きく呼吸ができるようになっていくと、息を吐く…つまり言葉を吐き出せるようにもなっていきます。

Dさんはピアノを休み、何度か無意識のメンタルトレーニングを実施していく過程で、自然な姿を取り戻していきました。同時に根本の原因である、問題ある先生、少なくともDさんとは相性の悪い先生から離れるようアドバイスしました。

厳しい先生に食らい付いていくのも、もちろん一つの方法です。しかし、指が動かないという症状が出るほど相性が合わないのなら、やはり別の手段を取ったほうがいいでしょう。Dさんが音楽大学に進んでピアノに打ち込む目的は「もっとうまくなりたい」という思いを叶えるためです。決して先生を満足させることではありません。

本来の自分を取り戻したDさんもそこに気付き、前向きに対処しました。彼は今でもピアノに打ち込んでいます。

老眼鏡をかける高校球児

症状

Eさん（10代、男性）は高校球児でした。幼少時から大好きな野球に熱中し、強豪校として有名な高校に入学して甲子園に向かって日々頑張っていましたが、突然うまく投げられなくなってしまいました。暴投するたびにチームメイトからの視線が気になり、フォームもぎこちなくなっていく一方でした。

「みんな、オレのことをどう思っているんだろう。また変な投げ方で暴投していると思っているんじゃないだろうか…」

そんな日が続いていくうちに、野球を離れた時間でも人目が気になるようになりました。登校のために電車に乗っていても、まったく知らない人にさえ笑われているような気がしたそうです。次第に人が怖くなり、学校にも行けなくなってしまいました。

対処

両親からメールや電話で何度か相談を受けていましたが、なかなかEさん自身がイップス研究所を訪れることに同意しませんでした。しばらくそんな状態が続いた後、両親がなかば強引に連れてきました。本人が現状打破に積極的でないケースは、より時間がかかります。自分に何が起きているのか、現状を受け容れるところがスタートだからです。

さて、研究所に入ってきたEさんは、なぜか老眼鏡をかけていました。一緒に来たお父さんが「私の老眼鏡を取られてしまいました」と言います。経験豊富なスタッフが彼との会話を始めました。

「なぜお父さんの老眼鏡をかけているの?」

「あ、これですか。老眼鏡をかけるとよく見えないんです」

「うん、ぼやけてしまって危ないし、気持ちが悪くない？」

「あー、そうなんです。ぼやけるのがいいんです。よく見えないのが」

「なぜ？」

「だって、ボクがよく見えていないということは、人からもボクのこと、あんまり見えないってことですよね。先生、ボクの顔あんまり見えてないでしょ？」

「えー、私は視力がいいほうなの。はっきり見えるよ」

「え？　え？　え？　どうしよう…　そんな…　お母さんは『見えないわよ』って言ってくれたのに…。どうして先生には見えちゃうんだろう。困ったな。どうしよう…」

明らかに狼狽して落ち着きを失いました。老眼鏡をかけるようになってから毎日何度もお母さんに「ボクのこと見えない？」と聞いていたそうです。あまりに何度も聞くので、お母さんは思わず「そうね。そうかもね」と流すように返事をしていたとのことです。あとで彼自身が振り返っていましたが、ありえないことは心のどこかでわかっていながらも、あまりに不安が大きく、追い込まれ「自分が見えなければ相手も見えないはず」と思い込もうとしていたというのです。

Eさんはその後、消しゴムのカスで眼鏡のレンズを汚してきたこともあります。もっと見えないようにしたかった…つまり、もっと人からも見られたくないと思ったのでしょう。

中高一貫の進学校で勉強も野球にも積極的に取り組んでいた、ごく普通の高校生でした。きっかけは野球のスローイングです。しかし、人は機械ではありません。近年は世の中に「イップスは技術の問題。グを直せば元通りになるというわけではありません。原因となったスローイン技術指導で治せる」とうたう指導者や専門家もたくさんいます。

しかし、先ほどのピアノの例と同じで、このような「いっぱい、いっぱい」の状態になっているEさんにスローイングの指導…例えば肘や手首の使い方を教えても状況が改善しないというところは理解いただけるのではないでしょうか。一時的に投球を含めたスローイングができたとしても、再度投げられなくなってしまうのは時間の問題です。また、生活の中で新たなイップスを生み出してしまう恐れもあります。

もちろん最終的には技術に取り組むときがくるでしょうが、その前に本来のEさん、自然なEさんを取り戻していくケアが必要です。

暴投をして、チームメイトの目が気になり、そして人目を気にする自分が嫌いになっていく。

Eさんの場合はそんなサイクルから症状が悪化していきました。私は「人目を気にする自分も自分なんだよ。それも自分なんだと受け容れてみようよ」と話しました。

無意識のメンタルトレーニングを行えば状況はよくなります。しかし、考え方が変わっていかなければ再び悪化してしまう恐れがあります。Eさんには何度か無意識のメンタルトレーニングを行い、また時間をかけて「ミスをする自分、あまり格好良くない自分も受け容れ、大切にしてあげよう」と繰り返しました。

しばらくすると、Eさんが心配してくれる両親へ感謝を口にしました。本来の感情が戻ってきたのでしょう。次のステップへ進めると考え、両親と話し合ったところ、仲のいいチームメイトが心配して何度も連絡をくれると言います。そのチームメイトに頼んで、一緒に登校してもらうようになりました。最初はおそるおそるだったEさんも、次第に元気よく学校に行けるようになり、野球部にも戻れました。

不安になって何度かイップス研究所に戻ってきましたが、その間隔も長くなっていき、最後は足が遠のいていきました。最後まで高校野球に打ち込んだと、後から報告を受けました。

さて、イップス研究所にきた五人の例を出しました。イップスという言葉はスポーツ界で使われることが多いのですが、私は決してスポーツだけの問題ではないと考えています。ですから、たとえスポーツでイップスに陥ったとしても、決して技術だけで解決するとは考えていません。

症状や原因はさまざまで、実際に来所された方への対応も千差万別です。しかし、前述の例から、いかにイップスと対するかのヒントを得てもらえればと願います。

メール相談でのアドバイス例

イップス研究所では、メールによる相談にも対応しています。毎日多くのメールをいただいているので即答は難しいのが現状ですが、私やスタッフ、そして研修生が力を合わせて返信をしています。当所で勉強を続ける研修生には、まず数多くのメール相談に対応する仕事もしてもらっているのです。

イップスへの対処法は千差万別であり、やはりイップス研究所に来てもらい、直接話し合って進めたほうが明らかに効果は出ます。ただ、イップスに悩んでいる方々に少しでも参考になればと思い、いくつかメールのやりとりを紹介しましょう。

名前　オーケーさん

質問内容

私は、物心ついたときからヴァイオリンを弾いていました。今はオーケストラ、コンサート、ライブでの演奏もさせていただいています。実はリハーサルの際、突然パニックになり過呼吸を起こしてしまったことがあります。

病院で脳に異常はないと言われ、そのときは安心しました。ただ、それ以来、また起こるのではないかという不安がなくなりません。演奏に集中できず、何とかしのいでいるものの演奏にも影響が出ていて困っています。手の動きが硬くなり演奏しづらいということも深刻ですが、今まで考えたことのないことが頭から離れない状態になっていることが深刻なのです。演奏が嫌になっていること、人から悟られないように人との関わりを避けたいと思っていることです。

本来の演奏ができていないことで心配してくれている人もいるのですが、話しかけられるのも辛いのです。元気に振る舞い、気にしないで明るく過ごしたいのですが、どうしたらよいのかさっぱりわかりません。元通り演奏ができる状態になれば解決するのでしょうか。私はどうすればよいのでしょうか？

イップス研究所からの答え

メールを送っていただきありがとうございます。内容を拝読しました。オーケーさんは物心ついたときからヴァイオリンを演奏されているとのこと、オーケーさんにとってのヴァイオリン演奏は生活の一部といってもよいのかもしれませんね。現在では、オーケストラ、コンサート、ライブといった場所で演奏をされていますので、仕事としての側面を持ちながら演奏をされることも多いのではないかと思います。

リハーサルの際に過呼吸といったパニック症状があったとのことですが、理由や原因もわからず突然そのような症状が起これば、不安感が強まるのも無理はないかと思います。オーケーさんにとっては、それだけの恐怖体験であったのだと思います。

それをきっかけに症状への不安がよぎるようになり、結果として演奏に集中することができなくなる、人との関わりを避けるようになる、演奏が嫌になるといった状態に陥ったようにも感じられます。

これらのことから、演奏ができないことに悩んでいるというよりも、パニック症状への不安感に対して悩まれているようにも思えます。また、メール内容には度々「どうすればよいのかわからない」ということが記載されていましたので、オーケーさん自身が何に悩み、ご自身が今どうしたいのかということを見失っているようにも思えます。

人にはそれぞれ違う性格や考え方、観念といったものがあります。そして自分が何に動揺し、何に不安を感じているのか、また、本当はどうしたいのかを知るためには、ご自身の性格や考え方の癖や個性を理解することが大切になってきます。ご自身への理解が深まると、ご自身に合った不安や恐怖との向き合い方、付き合い方というものも見えてくるかと思います。

今すぐにでも症状を改善したい気持ちはあるかもしれませんが、まずは症状や不安をなくそうとすることに一生懸命になるのではなく、ご自身への理解を深める、自身を知る、向き合うことから始めてみてはいかがでしょうか？

そのためにできることの一つとして、今はやりたくないことは極力やらないようにする、やりたいことがあれば積極的に取り組んでみるといったように、自分の気持ちにできるだけ素直に生活してみることをお勧め致します。

そうすることで、ご自身の理解を深めることにもつながり、また、気持ちのリフレッシュやモチベーションの回復にもつながります。これらが結果的に、症状の改善・克服につながるかと思います。

過呼吸の症状の一つに、息を吸うことはできても息を吐き出すことができないといったことがあります。全てがそういうわけではありませんが、息が吐けない、吐き出すことが難しい場合には、普段の生活でも自分の本音が言えていない、吐けていない、もしくは自己を抑圧しすぎているといったようなことがあります。

このように症状と普段の生活が密に関係している場合もありますので、そういった意味でも、ご自身の考え方や性格などを改めて知ろうとすることは大切かと思います。

当所では意識と無意識のメンタルトレーニングを通して、頭と気持ちの整理を行い、オーケーさんご自身の理解を深めることや、症状の改善・克服のサポートを行っております。今回の件でわからなかったことや疑問に思ったことなどがあったり、また、何かお力になれることがありましたら、お気軽にご連絡いただければと思います。

名前　キラキラさん

質問内容

私は美容学校に通っています。将来は美容師として人が美しくなるお手伝いをする仕事がしたいと思っています。

実はワインディング（筆者注：パーマをかける際、頭髪にロッドなどを巻く作業）という技術を身につけなければいけないのですが、どうしても手が思うように動いてくれません。自分の手なのに感覚がなくなり、自分の体の一部でないような動きになってしまって悩んでいます。

下手なだけ、練習が足りないからと言われ、朝早く授業の前に毎日練習しているのに…です。もはや、始めた頃のほうがセンスいいと褒められていて、自分でも上手だった気がします。ワインディングはとにかく練習回数が上達のコツだとみんなに言われるのですが、最近は気持ちもついてこない状態で、辛いけどやらなくちゃ周りに追いつけない。やって本当に意味があるのか？　など頭の中もぐちゃぐちゃです。

これはスポーツでいうイップスとは違うものなのでしょうか？　もし、私の手の状態がイップスだとしたら治るのでしょうか？　治るとしたら、どうしたらいいのでしょうか？

イップス研究所からの答え

はじめまして。キラキラさん、こんにちは。この度は、お問い合わせいただき、ありがとうございます。キラキラさんは、将来の目標があり、それに向けて日々努力されているとのこと、とても立派な方のようですね。

しかしながら、思うように上達できない歯痒さに加え、自分の手なのに思う通りに動けないというストレスは計り知れない不安と辛さなのではないでしょうか。

困惑と心配なお気持ち、心中お察し申し上げます。そしてこのような辛い状態の中、毎朝授業の前に練習を続けていらっしゃるとのこと、本当に頭が下がります。

ところで、キラキラさんがおっしゃっている「感覚がなくなり、自分の体の一部でないような動きになってしまう…」という状態はいつ頃からなのでしょうか？　何かそうなるきっかけにお心当たりはありませんか？　練習とは直接関係がなくても、環境の変化やキラキラさんの身に何か起きたりしていませんでしたか？

詳しいお話を直接伺ってみないと判断することは難しいのですが、器質的な疾患もなくお心当たりがない場合でも、意識で我慢しているつもりなく無意識に何か溜め込んでしまったり、思いのほか心や身体に負担をかけてしまうような無理や我慢があった可能性も考えられます。

このような意識できていない溜め込み（我慢）や無理などが徐々に積み重なり、耐えられなくなると、身体からサインが現れることがあります。このようなサインとしてイップスは現れることがあります。

また、「これはスポーツでいうイップスとは違うのか？」というご質問ですが、イップスとは、今までできていたことが急にできなくなることを指します。上達が止まる、結果が出ないなどはスランプと考えるのが自然なのかもしれません。しかしながら、今まで自然に動いていた手が思うように動かない状態や、感覚がなくなってしまっているという状態を考えると、イップスと考えてもおかしくないのではないかと思われます。

イップス研究所にも、理美容師さんやドクターなどさまざまな分野の方が、ご相談に来所されています。美容師は美を追求する専門職ですから、そのお勉強や練習も、美しさや均等性（見た目）、完成度（完璧主義）、正確性や速度など、追求したくなる、しなければいけないことは多々あるのかもしれません。キラキラさんはもともと思いが強く向上心の高い、真面目な方なのではないでしょうか？

イップスということであっても、能力が消えてなくなってしまったわけではありません。本来の感覚や動きを取り戻し、思うように練習できるようになることは可能です。そのためには、まずはぐちゃぐちゃとおっしゃっているキラキラさんの頭や心を休めることも、大切かと思われます。

始めた頃のほうが褒められたのに、どうして今は上手くいかないのだろうと思い、練習をしなければと焦り、不安にかられるお気持ちも無理もなく自然なことかと思われます。しかしながら、今のキラキラさんの状態では、努力逆転の法則で、やればやるほど自信を失い、混乱してしまうのではないかとも感じます。

可能であれば、追い込んでしまっている自分自身を少しお休みさせてあげることも一つの方法かもしれません。追い込まれている状況から少し余裕が戻ってくれば、感じる余裕も戻りやすくなるのではないでしょうか。

ところで、キラキラさんは先生やご家族などにご相談はされていますか？　誰にも言えずお一人で悩みを抱えていらっしゃるのであれば、ぜひどなたかに打ち明けてみてはいかがでしょうか。一人で考えても頭の中で答えが出ないままお悩みがぐるぐる回り続け、エネルギーばかりが消耗してしまいかねません。言えない。言わないほうがいい。などと考え、自分の気持ちや思いを溜め込んでしまうことが癖で、能力の発揮をブロックしてしまうケースも多々あります。

身近な信頼できる方にお話を聴いてもらうだけでも、頭や心の中にあるものを吐き出し、整理するきっかけにつながることもあるかと思われます。また、相談してもなかなか理解を得られない、現状を変えられない、ということも考えられます。そのような場合は、専門機関に相談することも一つの方法になるかと思います。

「イップスだったら果たして治るのだろうか、治るとしたらどうしたらいいのだろうか？」と今回、勇気を出してお問い合わせいただいたことは、キラキラさんにとって大きな第一歩なのではないでしょうか。

実はイップスは、治す、治さなければいけないものではありません。病気や怪我というものではなく、心（無意識）からのサインと考えられており、ご自身が気付いていない我慢や不自然さに気付かせてあげようとしているものなのです。それは、新しいステージに進むため、生きやすさを手に入れるため、本来発揮されるのであろう能力や才能（ギフト）に気付いてもらうチャンスのサインを出していると考えられています。

イップスは、受け容れていくことで必ず乗り越えていけるものです。まずは、今のキラキラさんのいっぱいいっぱいの状態を受け容れ、オーバーワークになりかねない練習を、少しお休みしてみることから始めませんか。

名　前　Aさん（大学2年生）

質問内容

野球をやっています。ショートを守っているのですが、試合で暴投してから、投げることが不安です。キャッチボールなどの練習ではできるのですが、先輩に投げるときやコーチに見られているときなどは特に不安が強くなり怖く感じます。最近はミスが増え、怒られることも増え、野球が嫌になっています。

今はネットスロー、壁当てなどで一人で練習を毎日しています。ですが、練習では問題なくできても、いざ試合になると力が抜けてしまいます。その感覚はだんだん強くなり、ひどくなったように感じます。

前は投げることに一番自信がありました。早くよくなりたいです。どうすればよいですか？

イップス研究所からの答え

ご相談いただきありがとうございます。もともと投げることに対して自信があっただけに、思い通りにいかないことへの焦りやもどかしさもあるのではないでしょうか。また毎日練習をされていることからは、「早く何とかしたい」と焦る思いも感じられます。

詳しいことは実際にお話を聞いてみないことには全てを判断しかねますが、練習では問題なくできること、もともとは自信を持っていたことなどから、Aさんの場合は技術的な要因ではなく、何か精神的なものが要因となっているように思います。

練習をしていく中で、以前よりひどくなったように感じるとのことですが、単なる技術的な不調、不足であれば、練習によって改善される場合もございますが、そうではない場合には、練習量を増やすことや違和感のあるまま練習を続けることは、焦りから余計に思い通りにいかなくなり悪化につながる場合もございます。

先輩に投げるとき、コーチに見られているときに投げられなくなってしまうAさんの場合には、「人に対して投げること」への不安や恐怖心と向き合う必要がありますので、ネットスローや壁当てなどの投げ込み練習は、やればやるほどに心身への負担となり、悪化してしまうのも無理のないことかもしれません。

また、練習ではできることが、逆に、試合でできないことへの焦りやイラ立ち、「これだけやっているのに…」と自分を責めてしまうことへもつながっているのかもしれませんね。ミスが増え、指導者から責められたりなど、思うようにいかないことを周囲に理解してもらえない中で、暴投してしまうこと自体への不安と、「迷惑をかけてしまうのではないか」「怒られてしまうのではないか」という「周囲の人にどう思われるか」という不安や恐怖もあるのかもしれません。

とても辛い現状ではあるかと思いますが、乗り越えるためにはまずは「受け容れる」ことが大切です。もしかすると、もともとは投げることに自信があっただけに、「本当はもっとできるはず」「できないなんておかしい」と現状をなかなか受け容れられずにいるのかもしれませんね。

思い通りにいかないことや、不安を感じてしまうこと、人からの評価が気になってしまうことは、スポーツ選手である以上、仕方のないことかもしれませんが、そのような自分も自分なんだと受け容れられ、その上で「人にどう思われるか」よりも「自分がどうしたいのか」に目が向くと、本来の力も発揮しやすくなるのではないかと思います。

また、一度練習から離れ、今はゆっくりと休まれることも大切です。辛い現状から抜け出したいという思いから焦る気持ちもあるかとは思いますが、心身がいっぱいいっぱいの状態で練習をすることは、技術も身につきにくく、やればやるほどに思い通りにいかなくなるなど、本来好きだったはずの野球も今以上に嫌になってしまう恐れもございます。

休まれることで脳が休まり不安や焦りも少しずつ和らぎ、力が入ってしまっていたことに気付けたり、野球に対する自分の本心に気付ける場合もあります。

現在は身近な方などへの相談はされていらっしゃいますか？　悩みを相談することは勇気も必要かとは思いますが、思いを吐き出すことで気持ちが楽になる場合もございます。もし身近な方へ相談することが難しいようでしたら、一度専門機関へご相談されてみることも考えられてみてはいかがでしょうか。

Aさんが現状を乗り越えられるきっかけとなれれば幸いです。

第5章

悩んでいる君へ——セルフコントロールのすすめ

イップスに陥ってしまったとき、またはイップスにならないため、個々にできることもあります。普段の生活から考え方を変えていき、前向きに生きていけるようセルフコントロールを実践していくのです。

一例を紹介しましょう。

力を抜こう

スポーツをしてきた方なら、体の力が抜けていたほうがいいプレーができるという体験をしているでしょう。体に力が入っていると思わぬミスや怪我をしてしまうものです。だから試合に臨む前の意気込みで「リラックスしていきたいと思います」と言う選手は多いですし、試合中に指導者が「力むな。力を抜いていけ」と激励しているシーンをよく見ます。

ただ、この「力を抜く」という動作は非常に難しいものです。目いっぱいに力を入れることはできても、力を抜こうと思って抜けるものではありません。単に「力を抜いていこう」と思っても、そう簡単にリラックスはできないものです。

では、どうしたらいいのでしょうか。

私は普段から「リラックスする」「力を抜く」習慣を付けておくことが大切だと思います。リラックスする練習、力を抜くとはどういうことかを体に覚えさせておくのです。

大きく息を吐けば、余計な力は抜けていく。リラックス状態を体に覚えさせておこう。

一番簡単な方法は「息を吐く」ことです。体に目いっぱいの力を入れてみてください。そのとき呼吸はどうでしょうか。皆さん、体は息を吸っている、もしくは止めていると思います。これが緊張、そして我慢をしている状態なのです。

逆に、息を吐けば自然と体から力が抜けていきます。大きく息を吐く。これだけでも違いが生まれてくるでしょう。

イップスに悩んで研究所に来る方の多くは、うまく呼吸ができていません。思うように行動できない、辛い状況に耐えるため、身を固くしていますから、大きく息を吐けません。すると体には力が入っていく一方なのです。これでは、いくら技術練習を繰り返しても、その人が本来持つ自然な力を生み出せるわけがありません。

第1章で、イップスという言葉の語源を説明しました。英語のスペルで「yips」。もともとは「小犬がキャンキャン叫ぶ」という意味です。アメリカのプロゴルファーが、パット時に震えてしまう自分の症状を「イップス」と表現したところから、「それまでできていた動きができなくなる」状態を称するようになりました。おそらく「ざわつく」「落ち着かない」という意味で使われたのでしょう。

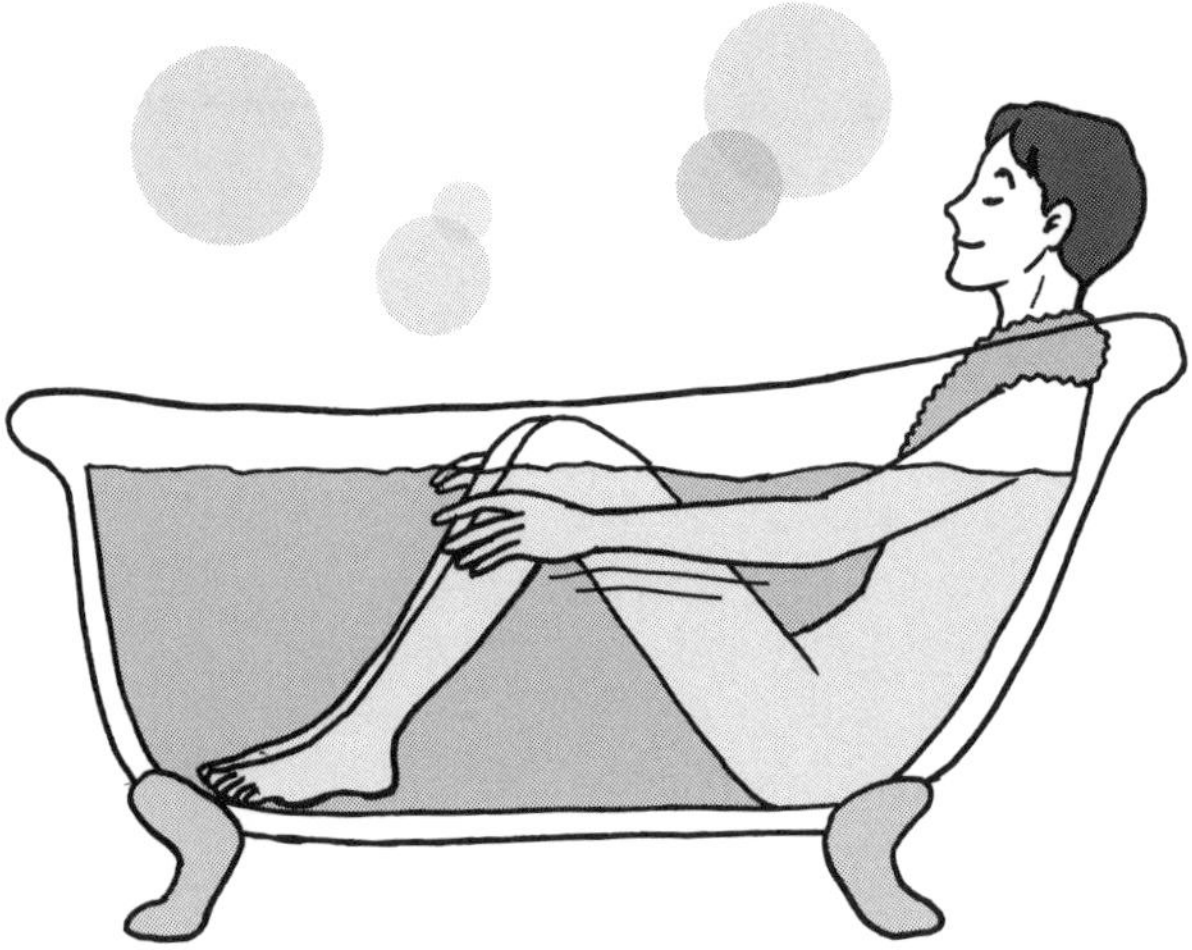

湯船の中で腕の力が抜けたら、腕が浮いてくる。
力を抜くコツをつかんでおきたい。

私はもう一つ、この言葉に意味を見出しています。「キャンキャン叫んでいる小犬は、息を吸っていますか？　それとも吐いていますか？」。人間でも動物でも、声を発するときは息を吐いています。「息を吐き出す」。これがうまくできなくなったときに、思うように動けないといった症状…すなわちイップスが現れるのです。この症状と、呼吸は大きく関わっていると覚えておきましょう。

さて、息を吐き出し、リラックス状態を作り出す具体的な方法を紹介しましょう。私が勧めるのはお風呂での脱力トレーニングです。湯船に浸かっているとき、腕の力を抜いてみてください。腕が湯に沈んだままだったら、もっと力を抜いていきましょう。完全に脱力できたら腕は浮いてくるはずですから、浮いてくるまで力を抜いてください。最初はできないかもしれませんが、毎日続けていたら、きっと力を抜くコツをつかんでいくと思います。リラックスした状態を体が覚えていくことでしょう。

そうなったら、しめたものです。試合で緊張したとき、指導者から「もっとリラックスしていけ」と言われたとき、意識して脱力ができると思います。どうやったら力が抜けるか、どういう状態がリラックスしているのか、体が覚えているからです。スポーツをする上で「脱力」は非常に大切な要素ですから、毎日リラックスの練習をするといいでしょう。

イップス研究所で実施する「無意識のメンタルトレーニング」も、リラックスを目的としています。言葉によって暗示をかけ、体の力を抜いていきます。さらに脳内もリラックスさせて、本来の自分、自然な自分を取り戻してもらいます。

「無意識のメンタルトレーニング」を終えたとき、多くの方が「今までどれだけ体に力が入っていたかがわかります」「脱力するって、こういう状態だと思い出しました。もう何年ぶりかわかりません」といった感想を口にします。もちろん1回だけでも効果はありますが、何回か続ければ、さらに効果が期待できます。体も脳内もリラックスした状態が「日常」になっていくからです。

喜怒哀楽を出そう

２０１９年、女子プロゴルフで渋野日向子選手が全英女子オープンを制するなど大活躍しました。彼女のプレーを見て「喜怒哀楽がはっきりしていていいな」と思いました。うれしいときは笑顔、ミスをしてしまったら悔しそうな顔。周囲にどう見られるかということよりも、自分の感情を素直に表現できていると感じます。自分の感情を我慢しない。これが彼女のプレーにプラスの作用をもたらしているでしょう。

人間はそんなに強くありません。最初は「うれしいけど、顔に出さないでおこう」「悔しいけど、そうでもない表情をしておこう」と意識していても、感情を出さないことが習慣化してしまうと、次第に自分がどんな感情なのかわからなくなってしまいます。自分がどう思うのかもわからない…いわゆる自分を見失った状態です。その無理がイップスという形で表面化してしまいます。

そうなってしまうぐらいなら、最初から喜怒哀楽をはっきりと出せばいいのです。対戦相手や周囲の人に失礼でない範囲であれば、自分の感情に素直になったほうがパフォーマンスは向上すると思います。

日本では、表情を表に出さないポーカーフェイスが美徳とされる風潮があります。例えば、巨人やヤンキースで活躍した松井秀喜さんは喜怒哀楽を出さないことで感情をコントロールしていたといいます。

「感情は止められないが、言葉や表情に出すところはコントロールできる」という持論を持ち、例えば悔しいとき「くそっ」と思ってしまうことは止められないが、それを言葉に出さない、顔に出さない…そこは自分で止められる。負の感情に流されないよう、そこで一線を引くというのです。

私の意見と正反対のようですが、そうは思いません。松井さんほどの大選手でも、どうしたら自分をコントロールできるのか考えて臨んでいるのだと再確認しました。松井さんは「言葉や表情に出さない」ことで、プラスの方向に進めるのでしょう。イチローさんが打席に入る前に同じ動きをする…ルーティンワークを行うことも同様です。心身ともに、どうしたら自分がよりよいパフォーマンスを発揮できるのか。それを普段から考えておくことが大切なのです。

ただ、すべての人に松井流が当てはまるとは限りません。私の経験から言えば、やはり喜怒哀楽を素直に出したほうがすっきりとして次に向かえると感じます。

イップスに陥って研究所に来たクライアントも、最初は何も話してくれない場合が多いです。しかし、繰り返して話をしていくうち、次第に感情が豊かになり、指導者や先輩の悪口を言い出します。本当に怒ったように話し出したとき、私は「よしっ」と手ごたえを感じます。自分の感情を素直に出せる。これは、とても重要なことなのです。

たとえ練習や試合中は我慢したとしても、終わった後に仲間と愚痴を言い合ったり、家族に聞いてもらったり。昔の青春ドラマのようですが、海に向かって「バカヤロー」と叫んでもいいじゃないですか。思い切り発散して、すっきりした気持ちで次の舞台にチャレンジしていけば、きっと効果が出ると思います。

相手ではなく、自分が変わろう

指導者が原因でイップスに陥った人に出会ったとき、私の本音を言えば、指導者のところに飛んでいって「指導のやり方を変えてください」「声掛けの仕方を勉強してください」と言いたくなります。実際、コネクションがあれば、そういった助言もしています。

ただ、すべての指導者にアプローチできるわけではなく、また助言したところですべての人が聞き入れてくれるわけではありません。むしろクライアントの立場を悪くしてしまう場合もあるでしょうから、注意しなければなりません。

では、指導者との関係を改善できないかといえば、私は決してそんなことはないと考えています。指導者との関係に悩むクライアントには「相手は変えられない。自分が変わっていこう」という言葉をかけています。

こんな人がいました。練習でミスをすると、コーチから「それ教えたよな」「いつも言っているだろ」と繰り返されるそうです。実際はいつも言われているわけでもなく、教えられてもいない。だから心の中で「何言ってんだよ」「そんなの教えてもらってないよ」と反論しているうちに、気持ちが乗らなくなってプレーにも悪影響が出てしまうというのです。

本来なら、このコーチが選手へのアプローチを変えてくれれば問題は解決します。しかし、それは現実的ではありません。ならば自分が変わるしかありません。「はい、そうですね」と受け流すか、可能ならば「これは教えてもらっていませんので、ぜひ教えてください」と言うか。心の中で反抗しても自分のプラスにならないのだから、別の対処法を身につけて乗り切ってください。

あとは、誰か本音を言える人を見つけるといいのではないでしょうか。チームメイトでもいい、スポーツを離れた友人でも、彼氏や彼女でも、家族でもいいです。「あのコーチ、うるさいんだよなあ」と愚痴を言ってストレスを発散してみてください。真面目な人ほど「愚痴を言ってはいけない」と思いがちですが、愚痴を言って解決するなら、それでいいじゃないですか。

だから私は「サラリーマンが酒を飲みながら上司の悪口を言い合う」という風習は、理に適っていると考えています。あまり格好よくないと思うかもしれませんが、仲間とストレスを発散して、また翌日から前向きに仕事に臨めるなら素晴らしいことです。上司に叱責されても、愚痴を言い合える仲間がいれば、少しは軽く受け流せるのではないでしょうか。

イップスに陥る人は、我慢を重ねている場合が多々あります。「言いたいのに言えない、言わない」という状態を続けているうちに、そもそも自分が何を言いたいのかさえわからなくなり、息を吐き出せなくなってしまいがちです。

悩んでいる人には「誰か本音を言い合える人はいますか？」と聞きます。そういう相手がいるのであれば、どんどん話すように勧めます。「自分の話したいことを話し、その代わり相手の言いたいことも聞いてあげるんだよ。お互い様だからね」と言います。

もし、なかなか見当たらないのであれば、私やスタッフが聞き役になります。何時間でも話し相手になります。最初は遠慮がちに何も言わなかった人が、監督やコーチへの不満を言い出したら、本音で語り始めたら、私はイップス克服への大きな第一歩を踏み出せたと感じて喜びます。

我慢を重ねる必要なんてありません。大きな声を出して、言いたいことを言ってください。それができれば、もうイップスなんて怖くありません。

イメージを転換しよう

人間だれでも不安を抱えています。「失敗しないだろうか」「うまくできなかったらどうしよう」「周りの人に嫌われているのではないだろうか」。そんな予期不安もあれば、失敗しないために「頑張らなくてはいけない」「失敗してはならない」「うまくプレーしなくてはいけない」と強迫観念にかられていることもあるでしょう。

頑張っている人ほど、不安を抱く自分を「弱い」と思い、そんな弱い自分を嫌う傾向があります。しかし、弱くてもいいじゃないですか。それも自分なのです。人間だれでも不安を感じるものだし、弱い部分を持っています。まず、そんな自分を受け容れてあげることが大切です。

そして「今、自分は不安を抱えているな」「失敗を恐れているな」と認めることができたら、次のステップとして、その不安を前向きな考え方に転換していきましょう。受け容れるからこそ、認めるからこそ、次のステップへ進めるのです。

【例①＝なりたい自分をイメージする】

Ｆさんは部活に苦手なＧ先輩がいます。朝、挨拶をしても返事もしてくれませんし、プレー中にミスをするとものすごく怒ります。監督がいるときは一生懸命練習するのに、不在時はさぼってばかりです。

Ｆさんはいつも「Ｇ先輩みたいになりたくない」「Ｇ先輩は格好悪いな」「絶対にＧ先輩のことを真似しないようにしよう」と考えています。Ｇ先輩がいるだけで部活が嫌いになりそうです。

苦手なはずなのに、ずいぶんとＧ先輩のことを考えている時間が長いようですね。「Ｇ先輩のようになりたくない」と考えているとき、頭の中に浮かんでいるのは誰のイメージでしょうか。Ｇ先輩ですよね。「いやだ」と思っていても、ずっとイメージをしていると脳が覚えてしまいます。脳内にイメージが残り、ふとしたときにＧ先輩のような行動をしてしまうかもしれません。

それより、尊敬できる大好きな先輩はいませんか。例えば、Ｈ先輩がいつも明るく挨拶してくれ、いつも全力プレーをしているし、後輩がミスをしても「次はうまくいくぞ！」と励まし

苦手な人のことは極力考えず、いつも尊敬できる人をイメージしよう。
それが良い暗示効果となる。

てくれるとします。そうであるならば「H先輩のようになりたいな」「H先輩のように裏表なく努力しよう」「H先輩のように、後輩にも明るく接しよう」とイメージしてみてください。このとき頭に描いているのはH先輩の姿です。いつの間にか脳は、大好きなH先輩のような行動をインプットしてくれます。

人間の脳は暗示にかかりやすいので、これを利用するのです。「なりたくない自分」ではなく「なりたい自分」をイメージすることで、気分も明るくなり、次第に「なりたい自分」へ近付いていきます。

【例②＝具体的にイメージする】

ゴルフ大会の最終ラウンド。このパーパットを入れたら優勝が決まります。普段から勝ち気なーさんは「よーし、絶対に入れてやるぞ！　優勝してヒーローになってやる。みんなから『すごいな』って言われるぞ。絶対に入れて優勝してやる！」と意気込みました。

一見すると強気なようですが、考えているのはパットを決めて優勝すること、つまり結果だけです。「どうしたらパットを決められるのか？」という一番大切なイメージを浮かべていません。例えば「下りのラインなのでショートでいい。やさしく軽く打とう」と具体的なイメージをすれば、そこに集中できます。

優勝やヒーローになること、そして周囲から「すごいな」と称賛されるのは、パットを決めた後の結果にすぎません。

例えばパーパットの前に「やばい、どうしよう。みんなが見ているよ」と緊張し、体がこわばってしまったとしても、そこから「もう仕方がない。あの目標に向かってコツンと打つだけでいいや」と具体的なイメージに転換できれば、むしろ「絶対に入れてやる!!」と強気でいるより成功の確率は高いといえます。

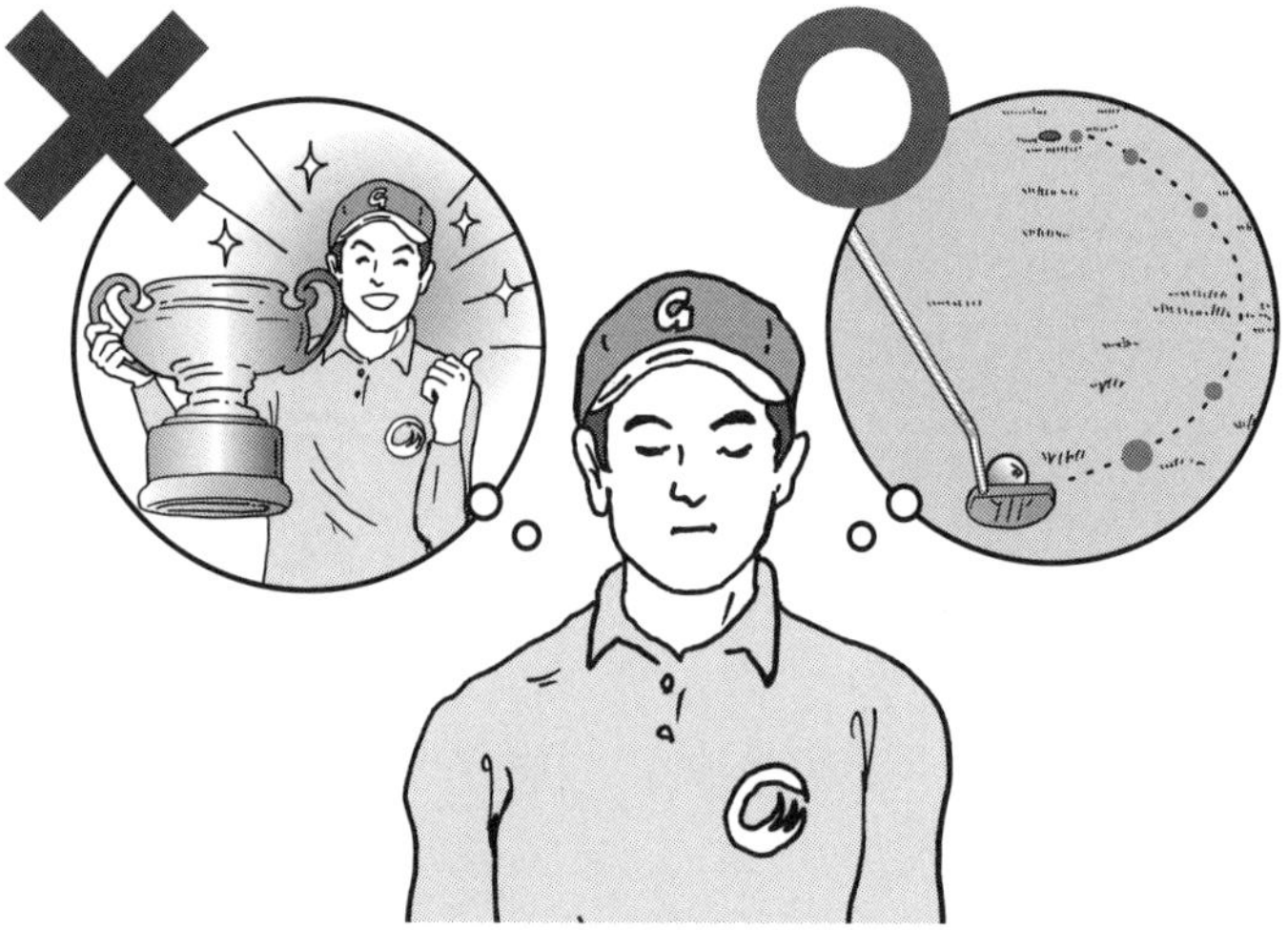

後の結果だけを考えていると、プレーに集中しにくい。
今できる具体的な方策にイメージ転換しよう。

野球のバッターなら「真っ直ぐのタイミングに合わせるだけ」「高めに絞っていこう」と、今の自分にできることを具体的にイメージすればいいのです。「ホームランで決めてやる」「サヨナラヒットを打ってヒーローになってやる」といった結果への欲だけでなく、その結果を導き出すための具体的な方策を思い浮かべるといいでしょう。

どうでしょうか。最初は無理やりでも構いませんから試してみてください。３か月も続けると、イメージの転換が習慣化されていきます。いつの間にか練習でも試合中でも、ピンチでもチャンスでも、自分本来の自然な姿でプレーできるようになるものです。

まずは休んでみよう

何かに一生懸命取り組むことは素晴らしいです。できないプレーや技があったとして、全力で努力を重ねてできるようにする。技術を向上させ、より高いレベルに到達するためには大切な要素と言っていいでしょう。しかし、ちょっと疲れているときには、一生懸命は窮屈でもあります。

「まず、休んでみようよ」と勧めると、多くのクライアントは「いや、先生、休んでいては試合に負けてしまいます」「レギュラーを奪われてしまいます」と言い返してきます。しかし、イップス症状は体が何らかのサインを発しているのですから、同じ考え方で突っ走るだけでは息切れをしてしまいます。そんな方々にかける言葉は「休もうよ」「さぼっちゃおうよ」というものです。悪への誘いのようですが、休む効果は計り知れません。

練習を休むと、最初は焦りや罪悪感が出てきます。しかし、忙しくて開いていなかった本を読んだり、好きな音楽を聴いたり、昼寝をしてみたり。久しぶりに友人とカフェに行って雑談を楽しむのもいいでしょう。

プロ野球でタイトルも獲得している選手が、試合後も個人練習に明け暮れているので休養を勧めたら「先生、リラックスするって何をすればいいの？」と聞かれたことがあります。幼い頃から野球一筋の道を歩んできたので、気分転換に何をしたらいいのかわからないというのです。私は彼を健康ランドに連れて行きました。

お酒を飲むと疲れが残ってしまいますし、プロ野球選手は毎日のように試合があるので遠出をすることもできません。健康ランドならば少し車を走らせれば、のんびりと温泉に浸かったり、サウナで汗を流せ、ソファに足を伸ばしてゆっくりと過ごせます。彼にはリフレッシュになったのでしょう。翌日の試合で好結果が出たこともあり、健康ランドに通うようになりました。次第に興味を抱いたチームメイトも連れてくるようになり、すっかり「温泉クラブ」ができあがっていったのです。

もちろん技術習得やコンディション調整のために、練習に打ち込むべき時間もあります。いつも休んでばかりでは技術が不足してしまうでしょう。しかし、ときには頑張っている自分にご褒美をあげて、十分にいたわってあげることも必要です。

同じ理由で「あきらめようよ」と勧めることもあります。

例えば、ゴルファーが「私はアイアンには絶対の自信があるんです。でも、ドライバーがどうしてもうまく打てない。どうしたらドライバーを打てるようになるのでしょうか」と、悩みを打ち明けてきたことがあります。

私は「別にいいじゃない、ドライバーが苦手でも。アイアンで勝負していこうよ。君のアイアンショットは本当に素晴らしいと思うよ」と言いました。

その選手は後に「あきらめた途端にドライバーが飛ぶようになりました」と報告に来てくれました。

「最初は『人ごとだと思って適当に言っているな』と思ってムカッとしました。でも、ドライバーを構えたときに『まあ、あの辺まで飛べば十分かな』と思えたんです。あの辺まで飛べば、その後のアイアンで勝負できると。それまでの自分に課していた距離よりずっと短い位置です」

それまでは「あそこまで飛ばさなければ」「みんなが飛ばす位置まで届かせなければ」と考え、ドライバーを握るのも嫌気が差していたというのです。みんなが250ヤードでも、自分は220ヤードも飛べば十分。あきらめてそう思ったら、いつの間にか苦手意識がなくなっていったそうです。

人間は何歳になっても変われます。「私はマイナス思考」と言っていた人でも、イメージの転換やセルフコントロールを実践しているうちに、いつの間にか何ごともポジティブに考える習慣がついていくこともあります。

難しいと思った方は、まず「～しなければならない」という考え方を「～したい」「～になりたい」に転換するところから始めてみてください。私はもう何十年も、「～しなければならない」というセリフを口にしていません。皆さんも一緒に続けてみませんか。

第6章

指導者へ――脱・強制指導のすすめ

イップスに対していて、自分の無力さを感じるときがあります。心から悔しいときがあります。それは理解のない指導者に対してです。選手を大切にしない指導者に対してです。ここは強く言わせてもらいましょう。イップスやメンタルを勉強せず、自分の経験則だけで選手に強制指導を続ける指導者に対してです。

イップスに悩んで来所した選手に対しては、心のケアをし、無意識のメンタルトレーニングを実施し、競技によっては技術指導も行います。すると選手の表情が明るくなり、動作も改善され、手ごたえをつかんで「先生、もう大丈夫です。レギュラーを取って活躍します」と元気に去っていきます。

ところがチームに戻って、指導者に叱責や暴言を浴びせられ、その選手に合わないフォームを強制されているうちに再びイップス症状が出てしまい、「やっぱりダメです」と戻ってくることがあります。私にとって、これほど悲しいことはありません。

イップス研究所を開いて数年後、私は「指導者が変わらなければイップスはなくならない」と考え、日本イップス協会を結成しました。年に3回、全国から集まった人々で、イップスや心のケア、指導方法、体の仕組みなどを学ぶ場を作ったわけです。勉強した人々がそれぞれの場所に戻って、正しい知識や、よりよい指導法を広めていく。この活動を通じて、少しずつでも指導者を変えていこうと考えました。

医師、心理師、トレーナー、指導者、学校の先生、マスコミ関係者、子どもを持つ親御さん…とても幅広い方が集まって勉強しています。横浜市でスタートしたイップス研究所も、福岡、大阪、北海道と次々に支所を出し、近いうちに仙台でも開所する予定です。

いい方向に進んでいると受け止めていますが、スポーツ界全体が変わっていくには、まだまだ時間がかかるでしょう。ですから、本書でも指導者に対する私の思いを書き留めておきます。

選手の声に耳を傾けよう

野球に限らず、日本のスポーツ界では現在も「上意下達」が強いと思います。指導者が一方的に指示を出し、選手は「はい」しか言えない状態です。もちろん上意下達で、一瞬にして組織をまとめ上げるべき場面もあるでしょう。しかし、常日頃からすべて「命令する側」「命令される側」になっていたらどうでしょうか。

疑問に感じても、違和感があっても、監督の命令には「はい」と言うしかない。大学のアメリカンフットボール部で指導者が反則プレーを指示し、選手がそれを実行するという問題が起きました。程度に差こそあれ、私が見るスポーツ界はまだまだそういう空気が強く残っています。

痛みを我慢してプレーを続けた選手から「痛いなんて監督に言えませんから。やるしかないんです」という言葉を聞いたとき、私は背筋がゾーッとしたのを忘れられません。

私は決して厳しい練習を否定しません。スポーツ選手が技術向上や試合での勝利を目指すとき、ハードなトレーニングで体を、技を、心を磨き上げる必要もあるでしょう。ただ、そこに選手の「意思」「納得」が存在するかが問題なのです。

現状批判ばかりしていても仕方がありません。指導者の方に心がけてほしいのは、選手との対話です。さらに言えば、その対話にもコツがあるのです。

あなたが指導者だとして、近ごろ結果が出ていない選手に何かアドバイスを送ってみましょう。どのようにしますか？

例えば、選手を監督室に呼びます。あなたは椅子に座り、選手は直立不動ではありませんか？ 10分間、話したとして、どちらが多く口を開いていましたか？ そして選手は「はい」「いいえ」

の他に何か言いましたか？

あなたは選手のことを真剣に考え、調子を取り戻してほしくて、そういう純粋な気持ちから「アドバイスを送ろう」と思い立ったのでしょう。選手を心配する気持ちは素晴らしいと思います。しかし、親心はなかなかストレートに届いてくれないものです。厳しい言い方をすれば、メッセージは届かなければ意味がありません。

選手側から考えてみましょう。調子の悪い選手はきっと「何でうまくプレーできないのかな」「監督、オレのことどう思っているかな」「次の試合はメンバーを外されてしまうかな」と、後ろ向きの思いが湧き起こっているでしょう。性格やチーム内の立ち位置によって差はあるでしょうが、その選手にとって「決していい状態ではない」という点は変わりがありません。呼吸がうまくできず、息を吐き出せない状態にあると考えられます。

そういうときは吐き出させてあげるのです。そう、選手と10分間の会話をするならば、あなたよりも選手が話す時間を長くするように持っていくのです。選手から「はい」「いいえ」ではなく、もっと長い言葉を引き出していきましょう。息、言葉を吐き出すとともに、体内に溜め込んだ思い、悩みが出ていきます。「自分の考えを監督に聞いてもらった」。これだけでも選手にとっては心強いのです。

悩んでいる選手にアドバイスを送る場面を、シミュレーションしてみましょう。

まず、場所です。どこで話したら選手は話しやすいでしょうか。監督室に呼んで二人だけで話したほうがいいのか、それともグラウンドでさりげなく話しかけたほうがいいのか。選手の性格やあなたとの関係性、チームの雰囲気、そして悩んでいる原因を考慮して選んでください。「どこで話したら、選手が話しやすいかな」と思うだけで、きっと会話のムードは変わるはずです。

監督室と判断したときでも、大きな声で「おい、ちょっと来い！」と呼びつけたり、マネジャーに呼びに行かせてはいけません。悩んでいる選手は悪いほうに…「怒られるのだろうか」「レギュラーを外されるのだろうか」と考え、不安が増大してしまいます。「この荷物を監督室まで運ぶのを手伝ってくれよ」などと言って、さりげなく呼んであげたほうが、きっと選手も口を開きやすくなるでしょう。

そして、会話が始まっても、いきなりアドバイスを送ってはいけません。例えば「速い球に遅れているから、もっとバットを短く持って振れ」などと監督が結論を口にしたら、そこで会話は終わってしまいます。質問をして、選手から数多くの言葉を引き出していきましょう。

「どうだ、バッティングの状態は？」

「まあ、結果としてヒットは出ていないけど、自分の感触はどうなんだ？」

「練習ではいい当たりもあるんだろう？」

「同じ凡打でも色々な理由があると思うけど、まず改善したいのはどんなところ？」

このように質問を重ねていって、例えば選手本人が「速いボールに振り遅れています」などと自ら分析してくれたら、しめたものです。

「そうか。速いボールに遅れないためには、どんな方法がある？」

「始動を早くしたいと思います」

「そうだな。私もそう思うよ。バットを短く持つよりも効果的だと思う。思い切って始動を早くして練習していこう」

もし、このように会話が流れていったら、選手が自ら対処法を提案した形になります。いきなり指導者が「始動を早くしろ」と命じるのと、会話の中から選手本人が導き出したものでは、どちらが選手のモチベーションが上がるでしょうか。自ら口にしたことで決意が固まり、積極的に取り組めるでしょう。そう、指導者は選手が気付く手伝いをする役目なのです。

もちろん、理想通りに会話は進みません。指導者のあなたが描いた結論とはまったく違う方向へ話がそれていく可能性もあります。そんなときでも「違うだろう!」「そんなこともわからないのか」などと言ってはいけません。まずは根気よく耳を傾けてあげてください。選手なりに一生懸命に考えて答えているのです。もし、頭から否定してしまったら、その選手は二度とあなたに本音を語ってはくれません。

先の例でいえば、本人が「速い球には対応できるけど、変化球に目がついていっていません」などと、あなたの思いとは違う分析をしてくるかもしれません。なかなか言葉が出てこない選手もいるでしょう。「せっかくオレが話を聞こうとしているのに!」と腹が立つかもしれませんが、そんなときでも、まずは聞くこと。そして、アドバイスは最後にしてください。

「そうか、変化球に苦しんでいるのか。では、一つ私から提案してもいいか。変化球を打つためには、遅いストレートを逆方向に打つ練習をしてみないか。これを繰り返すことで結果的には変化球も目がついていくはずだよ」

結論を変えたり、指導者としてアドバイスすべきことを我慢する必要はありません。それをどう伝えるか。どう相手に届けるか。大切なのは、そこです。

たくさんの選手を指導する監督、コーチは大変でしょう。一人一人と十分な対話をする時間はないかもしれません。しかし、一人一人を大切にしてこその組織です。練習中にひと言でもいい、帰りがけにちょっと声をかけるだけでもいい。

「どうやったら、あの選手に伝わるかな」

それを考えるだけで、選手との関係は変わっていくと思います。そして、さまざまな伝え方の手段を持っていること。それが指導者にとって非常に大切な資質ではないでしょうか。

選手や生徒の話を聞くとは、簡単なようで難しいと思います。一つアドバイスを送るとすれば、それは「共感すること」です。他者に共感されると、受け容れてもらったと感じられ、自分自身を認めることにつながっていきます。人間には共感する脳があり、その共感が、あらゆる能力や心の回復につながる可能性を秘めています。

ここで注意すべきは、「共感（empathy）」と「同情（sympathy）」は違うということです。同情は上からの目線であり、相手の立場でものを見られず、お互いに苦しくなるだけで解決に結びつきません。

相手の立場で、気持ちを感じることが大切です。「本当はどうしたいのか」「どう考えたいのか」。本当の気持ちに気付く手伝いをすること。それがカウンセリング（スポーツメンタルトレーニング）だと思います。

新しい情報を大切にしよう

指導者は「向上心」と「好奇心」が重要だと思います。

向上心とは、勝利や全国大会出場などという結果に関わるものだけではなく、「もっといい練習方法はないだろうか」「もっと選手にとって効果的な指導方法はないだろうか」といった、指導者自身の向上心と受け止めてください。

そして好奇心を持って人の話を聞き、書籍なども読んで新しい方法を模索し、プラスになると判断すれば取り入れてみるといった姿勢が必要でしょう。

「監督」「コーチ」と呼ばれ、人を動かし、気を使われているうちに、「自分は力を持っている」「自分は正しい」と勘違いしてしまう指導者もいます。教える立場であって、教えられる立場ではないというわけでしょう。悪い意味で、地位が人を作ってしまうのかもしれません。謙虚だった人が、監督になってしばらくすると独裁者のように変貌する姿を何度も見ています。

周囲から学ぼうとせず、それまでの経験則だけで指導をしている人は、強制的な教え方をする傾向があります。自分の経験が唯一正しい道と信じているわけですから、選手をそれに当てはめようとするわけです。

野球でも選手全員が同じフォームで打っているチームがありますが、そこに至る過程で必ず「こう打たなければダメだ」と押しつけています。選手もその打ち方をマスターしなければレギュラーになれませんから、「このフォームでなければいけない」と考えてしまいます。そうです。これまで説明してきた通り「〜しなければならない」「〜でなければならない」という強迫観念は、イップスに陥りやすいのです。

もちろん指導の軸となるポリシーは持っていたほうがいいでしょうし、朝令暮改のようにコロコロと方針が変わっても困ってしまいます。しかし、指導者が自分の経験則にこだわることなく、広い視野を持っていれば、選手が行き詰まることも少なくなるでしょう。

私は数多くの高校野球の監督さんとイップスについて語り合ってきましたが、長年にわたって結果を残している方は非常に熱心に話を聞き、質問もしてくると感じます。私から何かヒントを得て、チームにプラスにしてやろうという気迫を感じます。そしてプラスになると判断したことは、すぐにでも取り入れていきます。実際、甲子園で優勝している学校が、第3章で紹介したスローイングのドリルを実践していたこともあります。

逆に、経験則に固執する指導者は、自ら指導の幅を狭めてしまい、選手を苦しめてしまうケースが多いと思います。大リーグのレイズ筒香嘉智選手が、小中学生の指導者に対して「アップデートが必要」と発言していますが、まさにその通りだと思います。

プロでも…いや、プロこそ経験則にこだわる方が多いかもしれません。私はプロ野球選手のイップスにも対処し、それが高じて独立リーグを含めたプロ球団と関わることもあります。あるリーグのチームで、フロント職員、コーチ、選手と球団に関わる全員に対して、イップスとメンタルトレーニングについて講演する機会がありました。ところが部屋に入ってみると、コーチの方はほとんど出席していないのです。

その翌日、私がグラウンドで選手と話していると、一人のコーチの方から「あなたはプロ野球選手じゃないでしょう。プロでもない人が、プロに教えられるわけがない。余計なことを言ってほしくない」と言われました。野球のエリートコースを歩んできた人々にとって、プロになれなかった人の指導を受けるなどプライドが許さないのでしょう。

もし、コーチ陣が私の意見や理論を聞いた上で「それは違う。河野さんのやり方は間違っている」と言われたならばわかります。しかし、元プロ野球選手ではないという肩書きだけで門前払いして、何か得があるのでしょうか。それよりも何かヒントを探り当て、指導に活かせばいいのにと思います。

もちろんプロにも向上心、好奇心のある素晴らしい方はいます。ソフトバンクで2軍監督を務める小川一夫さんもその一人です。まだ面識がなかった頃、小川さんから突然電話がかかってきて「イップスについて話が聞きたい」と言われました。深刻なイップスに悩んでいたソフトバンクの投手が、私のケアを受けて克服し、1軍登板まで果たしました。その投手から話を聞いて興味を持ってくれたのです。

小川さんは「心技体という言葉があるが、日本のスポーツ界は技と体ばかりでなく、もっと心を大切にする必要がある。プロ野球界も進歩しなければいけない」と言っています。まったくその通りで、これからの指導者は競技が何であれ「心」をケアできることが絶対条件になると考えています。

メンタルトレーニングを学ぼう

小川一夫さんが言う通り、日本のスポーツ界はメンタルケアが遅れている面があります。近年、世界で活躍するトップアスリートはメンタルトレーナーがついて、モチベーションアップやリラックスを手がけるようになってきました。ただ、一般のアマチュアスポーツ、学生スポーツの中では、まだまだ「根性論」が残っています。

例えば、技術的にすぐれているが、試合になるとミスを連発してしまう選手がいたとします。あなたが指導者だったら、どのような対応をしますか。「気合いを入れろ」「根性で乗り越えろ」と声をかけるばかりではないでしょうか。そして、それでもミスが続けば「あいつは気持ちが弱いから、レギュラーで使えない」と断じてしまいませんか。

では、技術はすぐれているが、体力がない選手がいたらどうですか。きっと食事面を見直したり、トレーニングをするなどして体力不足を補おうとするでしょう。また、技術的に至らない部分…例えば野球のバッターで速い球は打てるが、変化球に弱い選手がいたら、タイミングの取り方やフォームを見直し、変化球をたくさん打つ練習をするでしょう。至らない点や弱点を克服するために策を講じ、努力を重ねていくに違いありません。

しかし、なぜ気持ち…メンタル面では策を講じないのでしょう。体力不足、技術不足を補うように、メンタル面の弱い部分を克服していけばいいのです。走り込みやウエイトトレーニングをするように、フォーム改善や打ち込みをするように、メンタルトレーニングを実践して克服すれば、その選手の可能性は大きく広がっていきます。

まずは、指導者が勉強してほしいと思っています。いや、勉強というと大げさかもしれません。書籍を読む、講習会や講演会に参加する、メンタルトレーナーと話す、メンタルトレーニングを学んだ指導者と話をする、そんなところから始めてみてはどうでしょうか。指導者が「選手の気持ち、メンタルを大切に考えよう」と思っているだけでも、かなり雰囲気は違ってくるはずです。

選手の気持ちを考えるとは、決して甘やかすという意味ではありません。選手が成長していく過程で、あえて厳しく接するべきときもあるでしょう。叱責すべきときもあるでしょう。ただ、それは各選手の状態を考えた上で、指導者として前向きに判断した結果であるはずです。指導者の機嫌によってであってはならないのです。

私は2014年から名古屋市内の中日美容専門学校で講師を務めており、すべてのクラスで心理テストも実施しています。ここから精神的に疲れている、家庭環境や人間関係で苦しんでいる生徒を把握し、担任の先生たちとともに個人カウンセリングを実施しています。

美容師を目指して入学してきても、さまざまな悩みや問題から不登校や退学になってしまうケースを未然に防ぎ、生徒にいきいきと学び、歩んでいってほしいという学校の意向がありま す。このように学校を挙げて生徒のメンタルケアをしている例は、全国的にも珍しいのではないでしょうか。

生徒たちは普段から気の持ち方、考え方を意識しており、ときにカットやワインディングで悩んでもイップスに陥らないで済んでいるように感じています。

私は、「メンタルが弱い人」などいないと考えています。疲れ切っていたり、ものの見方、とらえ方が後ろ向きになる癖がある、指導者や同僚と合わないなど、ちょっとした「ずれ」が生じ、そのために本来の力を出し切れないだけだと思います。その「ずれ」を修正していくのも、指導者の大切な役割です。

力を出し切れない選手に、いかに力を発揮させるか。その方法がメンタルトレーニングなのです。

離人感を伴うイップス症状

また、最近、離人感を伴うイップスが急激に増加傾向にあります。感覚がない、わからない、そして現実感がなくなる等のイップス症状です。

投げられない、腕が止まる、固まる、投げている感覚や指先の感覚がおかしい、などは身体の使い方、意識と無意識のメンタルトレーニング、技術指導で早期に克服できます。

ところが、離人感を伴うイップスでは、悪くなっている感覚、良くなっている感覚、そして投げている現実感、スポーツを行っている現実感がなくなるのです。自分が自分でない感覚、自分のことなのに他人事のような感覚になる、また喜怒哀楽がなくなり、頭にシールドがかかり常にふわっとした状態になる等です。

このために、強く投げられていたボールが「ふわっと」しか投げられなくなり、力むのではなく逆に力が入らなくなるイップス症状です。

そして、今の状態を質問しても、わからないとお答えされます。また、多くのケースでは、話を聞かないのではなく、聞けない、耳に入ってこないなどの症状が見られます。

このような症状からイップスにつながってしまう、またイップスになってこのような症状が起きてしまうという例も少なくありません。新型コロナウイルスのようなウイルスが進化するように、イップスも生活の変化、ものの見方、考え方、受け取り方の固定観念の違いから変化していきます。

こういった離人感を伴うイップスもまた、家庭環境、コミュニケーション、指導者の強制から起きる例が多々あります。自分はこう感じ、こう思っているのに、意見が言えない、逆らえないことが習慣化され、イエスマンのように相手に「はい大丈夫です」と答え、その場から逃げてしまうのです。気付いたら無意識に、その場を去るための言葉を使ってしまうものです。

そして、この習慣によって、本当は自分がどうしたいのか、どうしたかったのかという、今の状態がわからなくなってしまうのです。これも、感覚野である小脳がいっぱいいっぱいの状態で機能を妨げていて、大脳内にある運動野に指令を送れないために意識化されない状態です。

当研究所では、10年以上前から離人症、離人感と向き合い、ケアをしてきました。離人感を伴うイップス症状については、離人症、離人感をケアしながら、メンタル、技術、イップス克服トレーニングを行っていくことが必要不可欠になってきます。場合によっては少し時間はかかりますが、克服可能な症状です。

メンタルテスト＝知能テストと言われます。知識を能力に変える技術力であり、メンタルにも技術力が必要不可欠です。昔ながらの根性論、指導者の強制、固定観念で指導するのではなく、勉強して知識を得て、能力に変える技術力が必要な時代に変わっていかない限り、イップスは増えていくのではないかと感じています。

この章は、少しばかり厳しく書かせてもらいました。私は多くの指導者と付き合ってきていますから、どれだけ大変で苦労しているかもよくわかっているつもりです。ただ、スポーツに限らず、組織は上に立つ人の考え方や言動で大きく変わります。それほど大きな存在です。

第1章で紹介したように、イップス研究所には「指導者が原因」で力を発揮できなくなってしまった人もたくさん訪れます。これは、なくしていけるはずなのです。もし何をしていいかわからない人や、興味がある人は、ぜひ日本イップス協会の講習会に来てください。講義を聞くばかりでなく、会員同士で意見交換をするなど、フレンドリーな雰囲気で勉強をしています。近年よく言われる「選手ファースト」をいかに実現していくか、それを一緒に考えていきましょう。

第7章

「心の病」とイップス

薬以外の対処法はないのか？

イップスに悩む人と対するとき、なぜ私がこれまで紹介したような方法を用いるのか…それを理解してもらうには、私がこれまで通ってきた道を説明するのが最もわかりやすいでしょう。

私は法政大学を卒業すると、製薬会社に就職してMR（medical representative＝医薬情報担当者）を22年間務めました。MRとは病院を訪問して医師に医薬品の効能などを説明して、医療に使ってもらう仕事です。ごく簡単に言えば、自社で扱う薬を売り込むわけです。主に精神科、心療内科を担当して、さまざまな薬を扱い、専門医の方々と意見交換もしてきました。

しかし、どうも「薬が効いている」という確かな感触を得られませんでした。ちょうど私自身が片頭痛に悩まされており、薬を飲んでいたのですが、効果を実感できない時期でした。激しい痛みではないのですが、常に頭がしびれているような感覚が残っており、病院でMRI（核磁気共鳴画像法）やCT（コンピュータ断層撮影法）を受けてもまったく異常は見つかりませんでした。医師に処方された薬を長期間飲んでいたのですが、悩みは消えず、心の中に「この薬で治るのだろうか」という疑問が湧いていました。

いや、私は薬の効能効果を否定する考えはまったくありません。医薬品に一定の効果があるのは、仕事で薬を扱ってきた私にはよくわかります。個人差があるとはいえ、症状を緩和させ、気持ちを楽にさせるなどの効果はあるでしょう。

ただ、副作用感染報告書提出のため、患者に対する聞き取り調査をしていると「効果がなかった」「一時的な効果はあったが、完治には至らなかった」という意見が多々あり、自分の販売している医薬品が患者のためになっていないのではないか、いわゆる「心の病」には薬が絶対的な解決策ではないのではないかと考えるようになりました。

そんな頃、妻がうつ病に陥りました。彼女は幼い頃から「いい子でいよう」「親や先生から褒められたい」「まわりから認められたい」といった考えが強かったそうですが、配偶者となった私が「別に周囲の人からどう思われたっていいじゃない」「嫌われてしまうことだってあるよ」という考え方だったので、混乱を引き起こしてしまったようです。

私と同じように「他人の目は気にしないで生きよう」と思うのに、やはり気になってしまう。「どうして私は周りの目ばかり気にするのだろう」、「気にしないで生きたい」と求める自分との差に耐えられなくなってしまったのでしょう。

さて、妻がうつ病になったと知ったとき、私は「薬を飲ませたくない」と考えてしまったのです。それまで、うつ病に効果があるという薬を医療機関に説明していた私が、です。もうMRはできません。

私は「薬を使わずに心の病に対処できないものだろうか」と考え、あらゆる人から話を聞き、文献を読んで方法を模索しました。そんな中で興味を持ったのが「医療催眠療法」でした。言葉による暗示をかけて脳内をリラックスさせる方法を勉強し、専門家の門をたたいて学び、独自の方法を生み出し、今に至っています。

薬を使わずに妻のうつ病を克服させるために学び、実践しました。妻の症状が改善していく中で、私は手ごたえをつかみました。

「薬を使わず、心の病に苦しむ人を救えるのではないか」。そう考えた私は会社を辞め、2001年に横浜催眠心理研究所を開きました。そう、今では「イップス先生」と呼ばれ、7000例を超えるイップス症例と対している私ですが、私の原点はイップスではないのです。人は誰でも弱い部分があり、失敗したり、疲れているときに体調を崩してしまうことが多々あります。悩みを聞き、医療催眠療法でリラックスしてもらい、前向きに生活できるようなアドバイスをする。悩んでいる人に手を差し伸べたいと考えたところがスタートでした。

ちなみに妻は現在、心理カウンセラーとして研究所でともに仕事をしています。彼女の口癖は「うつ病を経験した者でなければ、わからないこともある」で、悩みを抱えて相談にやってくる人々に寄り添っています。彼女が相談者とじっくり向き合い、話を聞いてくれるからこそ、その後に実施する医療催眠療法がより効果を発揮するといってもいいでしょう。

「心の病」からイップスへ

さて、研究所を開設した当初は、「緊張症」「不安症」という症状の方々が大勢来ました。緊張すると冷や汗が出たり、声が震えてしまうといった症状です。例えば人前で発表するとき、入念な準備を重ねて万全なはずなのに、いざというときに震えてしまったり、声が出なくなってしまうなどの症状です。このような方の多くは、「成果を出したい」「やらないといけない」「失敗したら、周りの人にどう思われてしまうのか」といった考えにとらわれています。

次に増えたのは、電車に乗ると過呼吸になってしまうなどの、パニック障害でした。過呼吸になる方は多いのですが、これは呼吸がうまくできていない場合に起きます。息を吸うことはできるけど、吐き出せない。言いたいことが言えない状態にあるとき、言葉を飲み込むと同時に息を吐き出せないのです。こんな症状に悩む方々も、カウンセリングや医療催眠療法で一定の効果を出すことができました。

その次はうつ病、強迫観念、統合失調症と、研究所を開いた私を試すように、新たな症状の方が次々にやってきました。

原因や症状はさまざまですが、ほとんどの方は意識と無意識に大きな差が生じています。意識では「こうありたい」…例えば「人前でもはっきり大きな声で話したい」と願い、「胸を張って大きな口を開けよう」と意識しても、実際の場面では胸を張れない、大きく口が開いてくれません。

そんな方に「もっと胸を張って！」「もっと、もっと大きく口を開いて！　ほら、こんな風に！」と、過剰に意識させても問題は解決しません。むしろ意識通りに動けないストレスが増大して悩みは深まり、状況が悪化してしまう恐れがあります。何度も書いてきましたが、脳内の無意識の部分が意識を邪魔してしまうのですから。

普段の生活の中で、思うように行動できないという悩みを抱える人々から話を聞き、心理分析やカウンセリングをして、さらに医療催眠療法を用いて脳内をリラックスさせるという方法で対する日々を送ってきました。

当時は1日に15人以上の方と対する日もあり、スタッフとともに2部屋で午前9時から夜中の1時まで働いていたこともあります。そのほかに無料でメール相談も行っていたので、もう眠る間もありませんでした。「悩んでいる人を何とか救いたい」という思いで必死だったのですが、これでは一人一人に十分な対応ができないため人数を絞り、2010年頃からは1日に五人までとしています。ともかく研究所は軌道に乗っていきました。

あれは開設から2年ほどが経過した2003年だったでしょうか。ある日突然「僕は野球をやっているのですが、イップスでまったくボールが投げられません」というメールが届きました。恥ずかしいですが、正直に白状しましょう。このとき私はイップスという言葉を知りませんでした。とっさに童話のイソップ物語を連想して「えっ、イソップ？」と声に出してしまったぐらいです。

しかし、相談者が悩んでいる様子は十分に伝わってきましたから、私はイップスについて調べました。文献で調べ、スポーツの指導者やMR時代から親しくしている精神科医らからも話を聞きました。医学用語でいう「ジストニア」と似た症状で、「意思とは関係なく体が動いてしまう」または「固まってしまう状態」だと知りました。

私にもあったイップス経験

調べていく過程で私は、「あれっ、これは自分にも経験があるぞ」と、大学時代の経験を思い出しました。

幼い頃から野球を続けていた私は、自信たっぷりに法政大学の野球部の門を叩きました。もちろん日本一を目指す六大学野球の強豪校とは知っていましたが、私はどんな実績を持った選手とも「競争すれば負けない」と思っていました。ところが、チームメイトはほとんどが甲子園に出場している有名な選手ばかり。私は競争どころか練習もできない状況になってしまいました。

今だから言いますが、練習している仲間を見ながら「なんだ、オレのほうがいいじゃないか」と思うこともあり、だんだんと面白くなくなって練習に行かなくなってしまいました。

他に野球をできる場はないかと探して軟式野球のチームに入り、すぐさまエースとなって活躍するようになりました。「やっぱりチャンスさえあればオレはいいピッチャーなんだ」と自信たっぷりに投げ続けていた、そんなある日のことです。

いつものように順調に抑えていたのですが、ある球がバックネットに当たるほどの暴投になってしまいました。ここから何と29球連続でストライクが入らなかったのです。私は特にコントロールに自信を持っており、それまでバックネットに当たるような球を投げた経験はありませんでした。ところが、いくら投げてもストライクが入りません。バックネットには3球当たってしまいました。

私の異変に気付いたチームメイトが「力が入っているぞ」「リラックスしていこう」と声をかけてくれ、私も力を抜こうと意識するのですが、むしろ余計に力が入ってボールを目の前に叩きつけてしまったりもしました。辛い29球でした。散々な結果でしたが、仲間は「まあ、たまたま今日は調子が悪かったんだろう」と励ましてくれたし、私自身も翌日になれば元の自分に戻れると思っていました。

ところが、翌日になっても持ち前のコントロールは戻りませんでした。高めに抜けていったり、抑えようとするとワンバウンドになってしまったりと、まったく思うように投げられませんでした。たまに以前のように投げられる日があって「ようやく調子が戻った」とホッとするのですが、数日すると再びバラバラになってしまいます。

当時はイップスという言葉が一般化していませんでしたから、周囲からは「河野はビビッて投げられなくなった」といった評判になってしまい、私自身も「もうピッチャーは無理かな」とあきらめかけた時期もありました。

結論から言うと、3か月ほどで克服できました。イップスを研究している今振り返っても、当時の私は非常に効果的な克服法を実践していたと、昔の自分を褒めてあげたいと思います。

まず、「投げてもうまくいかないから投げるのをやめよう」と思って、まったくキャッチボールさえしなくなったのです。真面目な選手は思うように投げられないとガムシャラに練習を重ねて、むしろ状況を悪化させてしまいます。私は適当なところがあったのでしょう。悪い状況で練習を重ねなかったこと。これが第一のポイントだったと思います。

休みながら「なぜ投げられなくなったのだろうか？」と、自分自身と向き合いました。すると、仲間から「力を抜け」と言われながら逆に力が入ってしまった状況を思い出し、「力を抜くってどういうことだろう？」と考えました。

深呼吸をしてみたり、逆に思い切って全身に力を入れてから一気に脱力してみたり。お風呂で湯船に浸かっているとき、うまく力が抜けると腕がプカーっと浮いてくることにも気付きました。これは現在でも「力を抜くコツ」を覚える方法として勧めています。とにかく私はボールを使った練習よりも、力を抜くとはどういうことかを学びました。

そして、当時付き合っていた彼女の一言も大きな効果がありました。いつも自信たっぷりに彼女を試合に呼んでいましたから、問題の29球連続でストライクが入らなかったシーンも見られていました。最悪の場面を見られてしまい、その後の試合でもまったく活躍できなかったので、彼女に恰好がつかないなと思っていました。

ところが彼女はあまり野球に興味がなかったんですね。私に呼ばれるから試合を見に来ていた程度のことで、別に私の活躍を期待しているわけではなかった。だから思うように投げられず、完全なイップス（当時は気付きませんでしたが…）に悩んでいる私にこう言ったのです。

「そんなに一生懸命に野球をやらなくてもいいんじゃないの？　別に野球で活躍できなくても、野球をやめても、私はあなたと付き合うわよ」

これを聞いて、とてもうれしかった…いや、ホッとした覚えがあります。悩んでいるときに、自分を認めてもらえることが、どれだけ安心感を与えるか、身をもって知りました。

それから長い月日が経ち、「イップスに悩んでいる」という相談を受けて、この経験を思い出したのです。「イップスとはあのときの自分のことじゃないのか」。それならば協力できるのではないか、いや、何としても力になりたいと思い、すぐに会う約束をしました。

イップスに悩む人と向き合う

初めてイップス症状に対するとはいえ、私はおぼろげながらも、こうした症状にも医療催眠療法は効果があるのではないかと考えていました。

彼は「思うように投げられなくなった」という悩みを語り、どんな対処法をしているか聞くと「コーチには肘の使い方だと言われている」「体の開きが以前よりも早いのではないかと思っている」などと技術的なことばかりを口にしました。しかし、いくら肘の使い方や体の開きを意識しても「思うように体が動いてくれない」と嘆きます。

まさに「意識」と「無意識」の差です。スポーツには技術が伴うため、うまくいかない原因を技術に求めがちです。彼のように、うまくボールを投げられない原因を「肘の使い方」や「体の開き」だと考えてしまいます。もちろん表に出ている現象として、肘がうまく使えていないのは事実かもしれません。では、なぜ、それまできれいに回転していた肘がうまく使えなくなったのでしょうか？　以前と同じように投げようと意識してもできない理由は何でしょうか？

もともとできないのであれば、技術不足や柔軟性の不足などに原因を求められるのかもしれません。しかし、以前にできていたのであれば、技術や体以外の部分に原因がある可能性が高いのではないでしょうか。

私はイップスにも、「心の病」と同じように医療催眠療法が効果を発揮するのではないかと考え、イップスに対するのは初めてという事実も断った上で、彼に勧めてみました。彼が野球という、自分自身が続けてきた競技だったことも踏み切る一因だったのでしょう。無意識部分のケアだけでなく、キャッチボールの相手もできるので、とことん付き合っていけると思ったからです。

じっくりと話を聞いて、うまくいかなくなった時期や理由を探り、性格や現在の心理状態を把握した上で、医療催眠療法を手がけました。終わってから近所の公園でキャッチボールをすることになって、二人で歩いているとき、彼は「何か投げられそうな気がする」と言い、1球目から気持ちよさそうに大きなフォームで投げてきました。

実際のフォームにはギクシャクした部分は残っていましたが、この「気持ちよく」というのが大切なのです。気持ちよく投げられていれば、次第に本来の力を出せるようになっていきます。その過程で多少の技術的な矯正は必要になっていきますが、違和感を抱いたままで技術ばかりを指導しても効果は得られないでしょう。

研究所に戻り、妻が「感触はどうだった?」と聞くと、彼は「こんなに気持ちよく投げたのは久しぶりです。うれしかったです」と笑顔を見せてくれました。彼に限らず、妻は必ず「感触はどうだった?」と聞きます。決して「うまく投げられた?」とか「いい球が投げられた?」とは質問しません。それよりも大切なのは本人の感触だからです。

横浜催眠心理研究所ではホームページに「心のお悩み相談室」というコーナーを設けて、寄せられた無料相談メールの一部と回答を掲載しています。もちろん相談者は匿名です。ここにイップスに悩んだ方の相談と、その後の対処を載せたところ、次々にイップスの悩みが寄せられるようになりました。

最初は野球ばかりでしたが、次第にテニス、バドミントン、卓球など競技の幅が広がっていき、スポーツばかりでなく楽器などのイップスも相談が来るようになりました。そこでストレートに「イップス研究所」という名前も掲げて、スポーツ選手が気軽に相談に来られるようにしました。

現在も「横浜催眠心理研究所」「イップス研究所」と、二つの看板を掲げています。しかし、二足の草鞋を履いているわけではありません。来る方にわかりやすくしたいと考えているだけで、悩みが一般生活だろうとスポーツだろうと、対処法に大きな違いはないのです。スポーツの場合、無意識の領域をケアした後で技術指導が伴うケースがあるだけです。

また、医療催眠療法の「催眠」という言葉に拒否反応があることも感じました。怪しげな「催眠術」と同じように考えてしまうのでしょう。本書でも具体的に書いたように、決して意に反して操るようなものではありません。

しかし、もっと多くの方に気楽に活用してもらいたいと考えて「無意識のメンタルトレーニング」と呼ぶようにしました。意識部分のメンタルトレーニングは増えていますが、無意識の部分をケアする方法はあまり存在しないと自負しています。

日本イップス協会の設立

「心の病」だけでなくイップスにも対処するようになってしばらくすると、私には一つの悩みが生じてきました。

研究所でカウンセリングや無意識のメンタルトレーニングを実施すると、期間にこそ個人差がありますが、ほとんどの方が効果を実感してくれます。自信を持って「イップスは克服できる」と言えます。

しかし、研究所で克服しても、チームに戻ると再びイップス症状が出てしまうケースが少なからずあります。指導者の罵声や指導法に問題がある場合、根本的な問題は解消されていないからです。悩みを持って研究所に来てくれた相談者にはアプローチできても、指導者を変えることはできないからです。

罵声で委縮してしまう選手、体に合わないフォーム、形を崩したままでの反復練習…指導者の意識が変わらなければ、本当の意味でイップス撲滅はできないと考えました。目の前の相談者に対処するとともに、世の中のイップスに対する意識を変えてやろう。私はそう考えて、2012年7月に日本イップス協会を設立しました。

一般参加者を募って年に三度、講習会を実施して、イップスとは何か、陥る原因は何か、そして私がどのようにイップスに対しているかを紹介するなどして勉強しています。勉強した方々がそれぞれの場所に戻って、イップスの正しい認識を広めてくれればいいと考えました。

すでに8年が経過し、これまでさまざまな方が参加してくれました。各種スポーツの指導者、精神科医、臨床心理士、公認心理師、理学療法士、パーソナルトレーナー、さらには現役選手やプロ野球界からも参加者がいます。

講習会を3回受けると受験資格が得られ、テストに合格すると日本イップス協会の認定トレーナーになれます。加えて10回の受講でプロフェッショナル認定トレーナー、20回の受講でエキスパート認定トレーナー、30回でマスター認定トレーナーになる資格を得ます。

各トレーナーには認定書を配布し、名刺の作成なども認めています。その名前を使って各々が活動してくれれば、イップスの正しい認識が広まっていくからです。トレーナーには継続的に講習会に参加して勉強を続けてもらうよう促しています。

ただ、一、二度だけ参加して、表面の浅い部分だけを真似して間違った指導を広めている人もいて、これには頭を悩ませています。インターネットや動画サイトで、イップス研究所や日本イップス協会の名前を使って、私には「間違っている」と断言できるような指導を広めており、抗議をして削除させたことも一度や二度ではありません。イップスへの対処法は多種多様で当然だと思いますが、悩んでいる人に寄り添って、とことん付き合っていく覚悟があるべきだと考えています。

話がそれましたが、8年に及ぶ日本イップス協会の活動を通じて、たくさんの大切な仲間を得ました。他に仕事を持って活動するトレーナー陣だけでなく、私と同じように仕事として「心の病」やイップスに対処しようと志す人も出てきました。そんな人には研修生として本格的に勉強をしてもらいます。まずは相談メールへの返信を書くことから始めます。

相談メールに書かれた内容の表面だけを何度読んでも、相談者の本心や本当に困っていることはわかりません。書いた本人さえ気付かないような部分まで読み取って、なお、相談者がどのような状況にあっても前向きに受け取ってもらえるような返信を書くまで、もう何十回も書き直しをさせます。それを何百件、何千件もクリアしていくと、少しずつ相談者の本心へアプローチができるようになってきます。

その他、カウンセリングや催眠療法…無意識のメンタルトレーニングも徹底的に指導します。これまでの研究生の中には、安定した会社を退社して、夜中のアルバイトをしながら昼間に勉強を重ねていた人もいます。

こうした熱心な仲間たちが、各地にイップス研究所の看板を掲げるようになりました。現在は横浜、札幌、大阪、福岡にあり、近いうちには仙台、山形、長野、東京、埼玉、名古屋にもオープンする予定です。いずれも技術を指導するスポーツ教室ではなく、「心の病」にも対処し、悩む人々に寄り添う場所として地域の方に支持してもらっています。

第8章

イップスを語る

この章では、イップスに関わるさまざまな方に登場していただき、イップスについて語ってもらいましょう。

最初のSさんは23歳で、社会人野球チームでピッチャーをしています。１９０センチを超える長身から最速１４５キロの快速球を投げる期待の星ですが、近い距離が投げられずに悩み、北陸地方から車で5時間かけてやってきました。カウンセリングや無意識のメンタルトレーニングをした後、グラウンドへ行って先述したスローイングのドリルを実施しました。

快速球エースSさんの体験記

これほど効果があるとは思いませんでした。こんなに気持ちよく投げたのは3、4年ぶりです。怖くて投げられなかった5メートルぐらいの距離でもスムーズに投げられました。

「無意識のメンタルトレーニング」が終わったとき、右手の指先に感覚が出てきたんです。私はイップスになってから指先がフワフワしているというか、自分の指ではないような感覚だったんです。仕事をしているときでもよくモノを落としていました。例えばボールペンなどをうまくつかめなかったんです。

そんな状態でボールを投げられるわけがありませんよね。でも、久しぶりに自分の指という感覚がありました。

私が初めてスローイングで「おかしいな」と思ったのは大学3年生でした。ゲーム形式のノックにピッチャーで入り、一塁側のバントを処理したとき、暴投をして打者走者に当ててしまったんです。幸い大怪我にはならなかったんですが、頭から肩にかけてぶつけてしまったので「またやったらまずいぞ」とイメージが残ってしまいました。

ピッチングではストライクは取れるんです。でも、一塁側に打球がくるとダメでした。ファーストが近くなると、もう投げられないんです。ファーストをはるかに飛び越えてスタンドに直接入るような暴投も投げてしまいました。

何とか対処しなければと思ってネットスローをやったり、チームメイトに頼んで近い距離でキャッチボールをしてもらったりしました。遠い距離なら何の問題もないんです。でも、近い距離になると投げるタイミングがわからなくなって、テイクバックに入るときにポンポンとボールを何回か弾ませて握り直すんです。これ、自分では気付かない無意識でやっていました。あるとき、チームメイトがふざけて「Sのマネ」とやったので「何それ?」と聞いてわかったぐらいです。

社会人まで野球を続けてきて、プロ野球に行きたいという目標も持っています。それなのに野球が楽しくない、怖々とやっているのがイヤになって、何とかしたいとインターネットなどでいろいろ調べてイップス研究所を知りました。

最初は相談に行きました。2019年10月の下旬です。どんなことをやるのか説明してもらって、無料相談にも乗ってもらいました。「どうしようかな、やってみようかな」と迷っていたのですが、その直後に大事件が起きたんです。

練習でキャッチボールをしていたとき、私が暴投をして、そのボールが後方にいた先輩の頭に当たってしまいました。先輩は意識を失って、体が震えていて、救急車で病院に運ばれました。奥さんもいて、2歳の娘さんもいる方なんですよ。「ああ、どうしよう」と思いました。うまく投げられないことで、人まで傷付けてしまったと。幸い大事には至らなかったんですが、これで決心がつきました。もう自分ではどうにもならない、専門家に診てもらわないとダメだと思いました。

イップス研究所に来て、最初にカウンセリングを受けていろいろな話をしました。その後で心理テストをしたら「顕著なうつ傾向がある」と指摘されました。結果を見せてもらったら「準不安定積極型」という判定でした。

うつ症状の点数は最大の20点。それでいて気分の変化はあまりない。河野先生から「感情を抑え込んでいるというより、もう疲れ切って感情が湧いてこない状態じゃないかな」と言われて、その通りだと思いました。

もう何もしたくなくなっていましたから、オフで予定が何もない日が一番幸せだと思っていました。自主練習にも参加していましたが、目標があるからではなく「みんなが行くからオレも行かないとまずいかな」と思って行っていました。そんな状態で練習しても効果がありませんよね。

無意識のメンタルトレーニングでは、河野先生の声は聞こえているんですけど、寝ているような感じでした。深海にいる感じでしょうか。言われたことを想像しているうちにボーッとして、「力を抜いて」と言われた頃には意識がなかったんじゃないでしょうか。リラックスして力が抜けたからなのかな、終わったときには頭が軽くなっていました。ずっとモヤモヤしていた気持ちがすっきりして、変な言い方ですけど除霊されたみたい。いや、除霊とか怪しいものじゃないですよ。

その直後に先生と昼食をとったんですけど、箸を持つ感覚が違うんです。ずっと右手の指先がフワフワしてたのに、自分の指だという感覚があるんです。その瞬間「早くボールを投げたい」と思っていました。昼食後にキャッチボールをする予定になっていたので、早く食べてグラウンドに行きたいと思いました。ここ数年はボールを投げるのが苦痛になっていたのに…。

ドリルをやって、力を入れるタイミングがつかめました。チームメイトに「トップで目いっぱい力が入って、リリースで力が抜けちゃってるぞ」と指摘されていたのですが、ボールに力を伝えるタイミングがわかりました。最後に、苦手な近い距離でキャッチボールしたんですけど、イヤな感覚もなくスムーズに投げられました。久しぶりにキャッチボールが楽しかったのです。

先生に「どうだ?」と聞かれて、思わず口に出たのが「もっと良くなりそうな気がします」という言葉でした。このまま練習を続けたら、もっといい球が投げられるという感覚があったんです。これからの自分が楽しみになりました。

イップス研究所の研修生、柏直樹さん

イップス研究所で研修生として勉強を続け、スポーツ催眠「無意識のメンタルトレーニング」を実施できるようになりました。生まれ故郷の宮城県仙台市で「イップス研究所　仙台支所」を開く予定になっています。

私がなぜイップスを学ぼうと思ったかといえば、私自身もイップスの経験者だったのです。仙台育英高校の野球部で外野手だったのですが、もう送球がメチャクチャでした。センターからのバックホームがゴロになってしまったり、逆にバックネットを直撃するようなボールを投げてしまったり。カットマンへボールを返せず悩みました。

チームメイトにも何人かイップスの選手がいましたが、すごく一生懸命に取り組む真面目な選手が多いんです。とても努力する、人間的に尊敬できる人が多い。そういう人のために何かできないかなという思いもあって、イップス研究所で勉強を始めました。

イップスを克服するとき、まずイップスについて知ることが大切だと思います。最近ではＹｏｕＴｕｂｅやインターネットでたくさんの情報を得ることができますが、正直「これはどう

なんだろう?」と疑問に感じるものもたくさんあります。知識のない人も発信できるので、ビジネスというか利益のためだけにやっていると感じるものもあります。イップスに悩んでいる人が「これを真に受けてしまったらどうなるんだろう」と心配になります。

「イップスは技術の問題だ」と言い切る人もいますが、私はやはりメンタルの要因があると思っています。もともと技術不足で起こるミスを「イップス」と呼んでいる人もいるので、その場合は技術指導で克服できるのかもしれません。しかし、例えばテニス選手でサーブのトスが上げられないとか、医師がメスを持つと震えてしまう…といったイップス症状もあるわけですから、これが技術の問題とは考えられません。

また練習ではできるのに試合で力を発揮できないケースもありますが、練習でできている以上は技術だけの問題ではないでしょう。

もし技術だけの問題ならば、ケアする側としたら楽…といったら言いすぎですけど、決して難しくないと思います。イップス研究所でも野球のスローイングなどはドリルがあって技術指導をしていますから、それをやっていれば克服できることになります。ただ、精神的な部分が大きく関わっていますから、そう簡単ではないと思います。

ちなみに技術でいえば、肘が出てくるところを一つのポイントとして見ています。イップスに陥った人はスナップ、手首が使えていない場合が多いのです。しかし、だからといって意図的に手首を使おうとすると余計におかしくなってしまいます。

肘が出てくることで、その先は惰性で使われる、自然に使われるようになります。ここがポイントだと思います。肩に力が入ってしまえば肘が出てこない、体が開いてしまう。この辺をドリルで改善していきます。

イップスに陥ってしまった人だけでなく、その周囲の人も「どうしたらいいんだろう」と悩んでいることでしょう。周囲の人は「何か特別なことをしてあげなくては」と思う必要はなく、自然体で話を聞いてあげてほしいと思います。本人がどうしたいのか聞いて、疲れているとしたら休ませてあげることも大切です。

本人と話し合って、専門的な知識を持つ人のところへ連れて行ってあげることも必要だと思います。

私は野球をやっていましたし、イップスを克服した実体験もあります。まだ24歳で選手たちと年齢も近いので、一緒に乗り越えていくという姿勢で臨んでいきたいと思っています。

元プロ野球選手のTさん

私はイップス経験はありません。でも、プロ野球選手で「まったく不安がない」と言い切れるのは1〜2割だと思いますよ。あとは何らかの不安がある中でプレーをしています。不安があるけど、やれてしまっているという状態です。

例えばサードの選手で、試合ではボールを捕ってファーストへいい球を投げているけど、ペッパー打撃で近い距離を投げられない。そういう選手は何人もいます。

イップスの選手は指先でパチンとボールを弾けない。弾くとどっかに行ってしまうので、押し出すというか…我々は「合わせる」という言葉を使いますけど、試合中は合わせて何とかごまかしているんです。試合の流れでは合わせられるけど、キャッチボールやペッパーではできません。

試合には出られているけど、思ったように投げられない状態で毎日野球を続けるって、ものすごい大きなストレスがかかっていると思います。

私はコーチ経験もあるのですが、イップスになった選手を見てもどうしていいのかわかりませんでした。苦しんでいる選手を前にして、何も改善策を指導してあげられない。それで「これはいけない」と思って、河野先生に連絡を取って勉強させてもらったんです。今は指導者ではないけど、野球に関わっている以上、イップスとは離れられないと思いますので。

プロ野球選手って時間がないんですよ。基本的に1年契約ですけど、2軍の選手は3か月ぐらいである程度の成果を上げなければリリース（解雇）の対象になってしまう。だからイップスになると、即効性が欲しいからいろいろな情報に飛び付いてしまいます。10人の指導者がいたら、10人それぞれの言うことを全部聞いてしまう。「藁《わら》にもすがるような思い」なわけです。わからないでもないけど、それではなかなか克服できませんよね。やはりプロの世界でも、段階を踏んで改善させるシステムを作っていったほうがいいと思います。

バッティングピッチャーの方も多いですね。現役のときはピッチャーとして打者を抑えにいっていたのに、今度は18・44メートルより少し近い距離でバッターが打ちやすいボールを投げなければいけない。ストレスからだんだんおかしくなって、ワンバンになってしまったり、あの大きなケージから外に出てしまうようなボールを投げたり、バッターに当ててしまったりということも珍しくありません。

イップスは正体が見えないことが不安なんですよね。原因は何か、どうしたら良くなるのか、誰と乗り越えていったらいいのか、そこが見えていないのが不安になると思います。これからのプロ野球界は、イップスを乗り越えていける環境を作っていく必要があると思っています。

日本イップス協会認定トレーナーでイップスに関する著書もある飯島智則さん

イップスに興味を持った契機は、学童野球です。コーチをしていた時期があり、そこで不思議な投げ方をする子を見ました。ギクシャクし、ところどころで引っかかるようなフォームでした。聞けば、最初はきれいな投げ方をしていたというのです。本来ならば練習をすれば上達するはずなのに、その子は練習を重ねて投げ方がおかしくなってしまいました。

何とか改善できないかなと思ったのですが、どうしていいのかわかりません。ただ、私はスポーツ新聞のプロ野球担当記者だったので、コーチや選手を取材する際にこの子の話をしてみました。いい練習方法があったら教えてほしいと思ったのです。

このときの会話が弾むことに驚きました。普段はあまり口を開いてくれない選手まで、自身の経験やイップスに陥ったチームメイトのことを語ってくれ、いろいろな練習方法を考えてくれるのです。1軍で活躍するプロ野球選手でも、イップスに強い興味を持っているのだと痛感しました。

残念ながら、この子の投げ方を直してあげることはできませんでした。うまくプレーできないためか野球への興味を失ってしまったのです。このことが、私の心にずっと引っかかっていました。

数年後、横浜高校の元監督、渡辺元智さんを取材する機会がありました。喫茶店で取材を終え、しばらく雑談をさせていただいたところ、学童野球の話題になりました。話の流れに乗って小学生のイップスを持ち出すと、渡辺さんはこう話してくれました。

「それは教え方にも問題があるのではないでしょうか。監督をやめてから野球教室などで小学生を見る機会が増えましたが、総じて教えすぎじゃないかと感じています。指導者も熱心だからこそでしょうが、難しく教えすぎると動作が狂ってしまうのかもしれません」

肘の使い方、体重移動など、こと細かに一生懸命説明するシーンを目の当たりにしたそうです。もちろん内容は正しいのです。ただ、小学生が理解できるレベルなのか……そこが抜け落ちてしまっては選手のためになりません。そういった考え方を教えてくれました。

渡辺さんとの会話を終えて、私は「イップスをテーマに取材をしてみよう」と決めました。それまで私は、イップスに陥るのはその選手の気持ちが弱いからだと考えていました。しかし、指導者が原因で動作が狂ってしまうこともある。ここを掘り下げていけば、興味深い内容になると考えたのです。

取材で一番心に残ったのは、河野先生が口にした「イップスは決して恥ずかしくないのです」という言葉でした。思うように動けないという現象は名誉なことではなく、隠したくなるものです。しかし、その隠そうという思いが苦しみを増幅させてしまいます。

「イップスになった自分も自分ですから、恥ずかしがらずに大切にしてあげてほしいと思います」

この言葉は、私の生き方まで変えるものでした。

私は自分を強い人間だと思っていました。困難なできごとがあっても全力で乗り越えようとしますし、失敗があっても立ち向かい、決して弱音を吐きません。「妥協」という言葉が何より嫌いでした。

しかし、イップスを取材するようになってから、「ま、いいか」と思う機会が増えました。以前ならば、どれだけ疲れていても歯を食いしばって仕事をしていましたが、「今日は疲れているからのんびりしよう」「明日やればいいや」「失敗ぐらいするよ」と、あっさり妥協するようになりました。こう書くと上司に叱られてしまうかもしれませんが…。

ただ、自分をいたわることを覚えてから、非常に気持ちが楽になって、日常の景色まで変わってきたように思います。そうですね、ずっと私の体を縛り付けてきた鋼鉄の鎧を外したような気分です。「強い人間」と思っていたのは勘違いで、弱っていても気付かない振りをしていただけなのだと気付きました。

悩みがあって夜眠れなくなった時期は、心療内科にも通っていました。これも隠す必要を感じません。弱い私も私なのです。疲れたら休む。無理なら人を頼る。イップスの取材を通じて、そんな当たり前のことに気付きました。

自分にやさしくするようになってから、人にもやさしくできるようになったかもしれません。少なくとも「あの人どんな気持ちかな?」「大丈夫かな?」などと慮る機会が増えたことは間違いありません。私に最も欠けていた部分です。

野球少年のスローイングを改善するところから関わったイップスに、人生にとって大切な、さまざまなことを教えてもらっています。もっと若い頃に出会っていたら、私の人生はもっと豊かになっていたでしょう。河野先生が「イップスはギフトです」という意味がよくわかります。

今は日本イップス協会の会員になり、試験を受けて認定トレーナーの資格も得ました。今後も勉強を続けていくつもりです。イップスに出会えて本当によかったと思っています。

おわりに

私には人生を大きく変える出会いがありました。

大学時代に知人から誘われ、東京ライターズという草野球チームでピッチャーをしました。初試合で完封したのですが、試合後に、チームメイトから「沼さん」と呼ばれる年配の方に呼ばれて「もっと野球を勉強しなさい。どうしたら能力を発揮できるか感じなさい」と言われました。

最初は「何だ？　この人誰？」と思っていた私ですが、何度かお会いしているうちに「能力を発揮するにはどうしたらいいのか」ということを考えるようになっていきました。その頃、沼さんから「うちに来なさい。泊まり込みで野球をやろう」と言われ、３日間、朝から晩まで野球漬けの生活を送りました。

技術練習やトレーニングだけでなく、半日は講義でした。日常生活から、どのようにものごとを見るか、とらえるか、いかに頭を使ってプレーに役立てるのか。そう、今でいうメンタルトレーニングの内容でした。ものの見方、とらえ方…今、私はそれを「観念」と呼んで、イップス克服指導に生かしています。沼さんとの出会いにより、技術だけでなく、スポーツには気の持ち方、考え方が大切だということに気付きました。

この沼さん、本名は沼澤康一郎さんという方で、大毎オリオンズで捕手、外野手としてプレーした元プロ野球選手でした。引退後はコーチを務め、一時期は日刊スポーツ新聞社で記者もされていたそうです。２０２０年に亡くなった野村克也さんが南海ホークスの兼任監督に就任した際、根性論ではなく頭脳野球ができる人物として1軍打撃コーチに招聘されています。ＩＤ野球の前身ともいうべき野球を担っていた人なのです。

野村さんの野球は、データを元にした人間野球だったと感じます。データを機械で弾き出すだけではなく、それを元にメンタル、錯覚など、人間ならではの部分に落とし込んでいたと思います。向上心、気の持ち方、勉強の仕方、そして人間としての立ち居振る舞い…野村さんの発言をメディアを通じて耳にする度に「ああ、沼澤さんに教わったことと似ているな」と感じたものです。ＩＤ野球とは、メンタル重視の野球だと私は解釈しています。

野村さんは、沼澤さんが亡くなった1989年5月18日の1週間前にお見舞いに来られていたと、ご家族からお聞きしました。年を重ねるごとに、寝食をともにした3日間がいかに貴重でありがたいものだったか痛感しました。心理療法、心のケア、そしてイップス克服など、今の仕事は沼澤さんとの出会いから始まっていると感じています。

これからもイップスや心の病など、困っている人、悩んでいる人に寄り添い、克服するお手伝いをしていきたいと考えています。

最後に、本書の制作に協力してくれた日本イップス協会の会員の皆様、妻で心理カウンセラーの祐美子、BABジャパンの森口敦さん、そして読んでいただいた読者の皆様に心から御礼を申し上げます。

日本イップス協会会長・イップス研究所所長　河野昭典

◆イップス研究所（日本イップス協会・横浜催眠心理研究所）
所長：河野昭典
神奈川県横浜市都筑区荏田東２丁目 16-4
TEL 045-942-1230
090-3476-6091
HP https://www.yips.jp
MAIL info@yokohama-shinri.com

◆イップス研究所 福岡支所
支所長：河野聖
福岡県福岡市中央区長浜２丁目
TEL 090-2222-0047

◆イップス研究所 大阪支所
支所長：原島卓也
大阪府大阪市淀川区新北野１
TEL 080-4486-1310
HP https://www.yipslab-oosaka.com/
（サイト内に相談フォームがあります）

◆イップス研究所 札幌支所
支所長：秋山泰隆
北海道札幌市中央区南 11 条西１丁目 5-1 201 号室
TEL 090-1641-1795
HP https://peraichi.com/landing_pages/view/hokkaidomental

◆イップス研究所 仙台支所
（開所予定）

◆イップス研究所 松本出張所
所長：河野昭典
長野県松本市双葉 7-10
TEL 090-2364-6688（スタッフ小出裕史まで）

著者◎河野昭典《こうのあきのり》

日本イップス協会会長、イップス研究所所長。2011年から3年間、福岡ソフトバンクホークスメンタルアドバイザーを務める。現在もプロスポーツ選手を含め、イップス克服指導を行う。イップスに関する講演は全国で200講演を超える。

企画・構成◎飯島智則《いいじまとものり》

1993年からスポーツ新聞記者としてプロ野球の横浜（DeNA）や巨人、大リーグ、日本野球機構などを担当。著書に『松井秀喜　メジャーにかがやく55番』（旺文社）、『イップスは治る！』（洋泉社）。日本イップス協会の認定トレーナーでもある。

本文イラスト●月山きらら
本文デザイン●澤川美代子
装丁デザイン●やなかひでゆき

メンタルに起因する運動障害

決定版 イップスの乗り越え方

2020年10月5日　初版第1刷発行

著　者　　河野昭典
企画・構成　飯島智則
発行者　　東口敏郎
発行所　　株式会社 BABジャパン
〒151-0073 東京都渋谷区笹塚 1-30-11　4・5F
TEL 03-3469-0135　FAX 03-3469-0162
URL http://www.bab.co.jp/
E-mail shop@bab.co.jp
郵便振替 00140-7-116767
印刷・製本　中央精版印刷株式会社

ISBN978-4-8142-0338-3 C2075

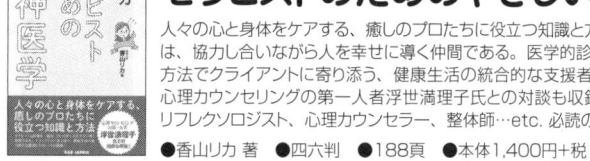

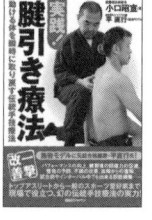

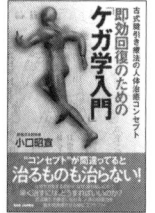

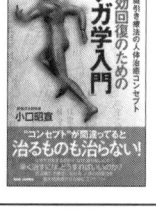

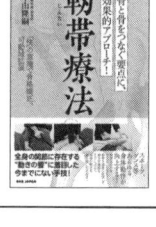

BOOK Collection

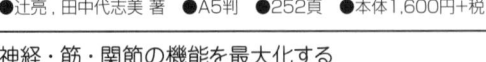

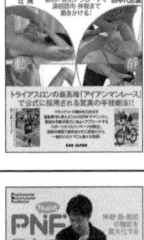

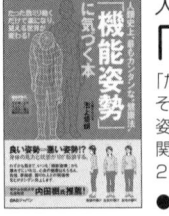

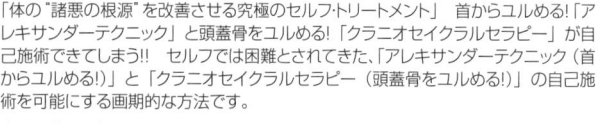

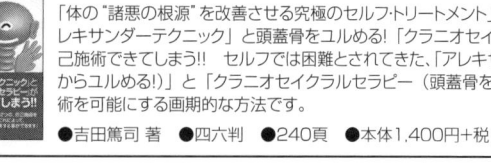

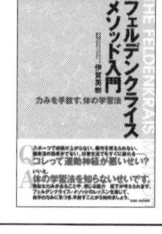

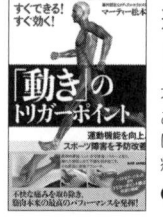

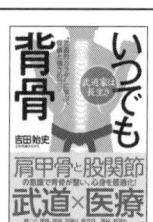

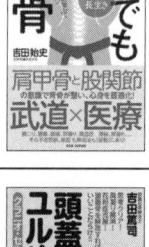

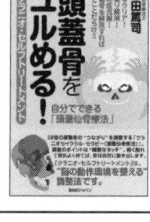